读者文摘
精华

（原创励志版）

你的努力，
终将成就
最好的自己

DUZHE WENZHAI JINGHUA YUANCHUANG
LIZHI BAN
NI DE NULI
ZHONG JIANG CHENGJIU ZUIHAO DE ZIJI

红素清◎主编

北京工业大学出版社

图书在版编目(CIP)数据

读者文摘精华:原创励志版. 你的努力,终将成就最好的自己 /
红素清主编. —北京:北京工业大学出版社,2016.11
ISBN 978-7-5639-4938-0

Ⅰ. ①读… Ⅱ. ①红… Ⅲ. ①文摘—世界 Ⅳ.①Z89

中国版本图书馆 CIP 数据核字(2016)第 236133 号

读者文摘精华(原创励志版)·你的努力,终将成就最好的自己

主   编:红素清
责任编辑:翟雅薇
封面设计:壹诺设计
出版发行:北京工业大学出版社
          (北京市朝阳区平乐园 100 号   邮编:100124)
          010-67391722(传真)   bgdcbs@sina.com
出 版 人 :郝 勇
经销单位:全国各地新华书店
承印单位:三河市兴国印务有限公司
开   本:880 毫米×1230 毫米   1/32
印   张:8.375
字   数:156 千字
版   次:2016 年 11 月第 1 版
印   次:2016 年 11 月第 1 次印刷
标准书号:ISBN 978-7-5639-4938-0
定   价:28.00 元

你的努力，终将成就最好的自己
（代序）

记得大学毕业时，我们都在忙着事业单位招聘考试，唯有阿七不动声色，坐在那里发呆。我问阿七是不是打算考研。

阿七摇摇头，随即问我："长这么大，除了上学之外，还有没有一件事是你坚持努力三年以上的？"

我想了很久，这么多年我做过很多事情，但坚持努力三年以上的却找不到一件。当时心情突然低落下来，没了聊天的心情，原封不动地将这个问题又反问回去。

阿七轻笑，叹了一口气，他说："就是因为没有，才不敢着手找工作，那可能是唯一的机会！"说完这句话，阿七的笑容不再，突然伤感起来，他说："人生之路已经走了四分之一，居然连坚持努力都没有，真是辜负了这段美好的岁月！"

我当时听完，特别惭愧，自己没有坚持努力，也没有觉悟，真是糟糕到了极点。自此，我开始重新审视自己与未来，工作之余，我开始思考人生，思考未来……终于我找到了方向——文字，然后便开始努力向前奔跑。

说来也巧，当我得知自己有机会主编这本书的时候，正好赶上自己的瓶颈期。那时写文诸多不顺，心里憋着一肚子委屈，偶尔还会怀疑自己的坚持正确与否。这个机会来得正是时候，让我内心所有的阴霾都烟消云散。

这是一本关于努力的书，当我牺牲周末逛街、晚上看电影的时间来品读一字一句为它校对时，身边有朋友打趣，问我天天把自己关在房间里，对着这些不会说话的东西发呆有什么意思。

我极其喜爱文字，但是却无法向朋友解释那种爱。文字确实不会说话，但是它是有温度的，那温度足以温暖我们藏在深处的那颗心。而我对着它发呆，是因为它给了我极大的震撼和感动。

参与这部合集的每一位作者都很努力，他们用不同的方式将自己的努力融合于故事之中，用别样的方式将它展现出来，这实属难得。

这里有人因为爱情而努力，在爱情前面他们就像是《初恋那件小事》里的小水，他们为了自己所喜欢的对方，努力让自己变得优秀起来，把自己最好的一面呈现给对方……梳妆打扮为他，积极向上为他，勇往直前也是为他……

这里也有人因为友谊而努力，那个总是穿着同样的衣服和鞋子的人，那个会因为被别人误认为双胞胎而哈哈大笑的人，那个只会把藏在心里的小秘密给她诉说的人……我们都在努力长大……长成我们喜欢的样子……

这里更有属于亲情的努力，为了不让父母操心，我们努力迈步，勇敢向前……

这些故事或忧伤，或洒脱，或困惑，或迷茫，或有趣，或无奈，或感动……它们形形色色各有不同，像是一个个美妙的音符，谱写了一首叫作努力的歌。而一边的我听得不亦乐乎，不知不觉地跟着音符陷入了回忆，笑得眼泪都流了出来。

这时，一直以为孤独的我才幡然醒悟:原来这个世界上有这么多人都在努力，努力让自己活得更好。

这是一本合集，承载了多位作者的夙愿。他们带着欢笑，带着眼泪，带着疯狂，带着理智，将自己的亲身经历用心编织成温暖的故事，治愈着自己，也治愈着每一位读者。

完成这本书一共用了三个月的时间，在这三个月里，我们笑着、闹着，彼此鼓励，一起努力成长。我们怀念青春，致敬梦想。我们将最真实的自己，最努力的自己写在文字里，希望你能在某个片段看到自己，更希望你能在某个瞬间感到温暖与感动。

亲爱的，这本书以努力为主题，满载正能量，无论是安静的午后，还是满布星辰的夜，它都不失为慰藉你心灵、推动你前进的一服良药。因为当你捧着它、靠近它的时候，你会相信:你的努力，终将成就最好的自己。

目　录

第三辑　谁说我不能再次微笑,谁说我不能活得很好

第四辑　一个不经意,你的笑容就成了谁的整个世界

第五辑　趁着你我都还年轻,一起出去走走可好

第一辑

你若流泪,先湿的是我的心

我希望有个人,如你一般好。这个"你",我更愿意把它理解为"改变后的自己"。

如果有一件小事,是你可以全力以赴的

尔　雅

或许你现在仍不得志,默默地在自己的岗位上奋斗;或许你现在仍不强大,辛苦的功劳被别人抢走也无可奈何。但请别着急,踏实一点,全力以赴地做好那件小事,坚持住,你想要的,岁月最终都会给你。

伟大的教育学家陶行知曾经说过:"点滴的创造固不如整体的创造,但不要轻视点滴的创造而不为,呆望着大创造从天而降。"

我们赤手空拳来到这个世界上,一生中要经历如何的人生轨迹,遇见如何的人生机遇,很大程度上由自己决定。

年少时分,我们往往充满激情,耳濡目染成功者的事迹,豪情壮志地宣告,总有一天会打拼出自己的天地,出任 CEO,迎娶白富美,走上人生巅峰。

宣布理想的同时,却忽略了一个最重要的事实:这世界上的事情,莫不是从小事延伸积累而来;这世界上成功的人,也莫不是从做好每一件小事开始。

成功并非一蹴而就,它需要你拥有异于常人的忍耐与坚持;

它需要你对大势有长远独到的见解;它需要你忍受平凡,将每一件看似枯燥的小事做到极致,慢慢成长。

曾经看过这样一篇报道,一家电视台做了一期人物访谈,受访嘉宾是娃哈哈品牌的集团创始人——宗庆后。

这个 42 岁才开始创业的杭州人,在短短 20 年时间内,将一个连他在内只有三名员工的校办企业,打造成了中国饮料业的巨无霸,创造了属于他自己的商业奇迹。

访谈现场座无虚席,气氛热烈。宗庆后安静地坐在那里,面对主持人提出的诸如创业的艰辛、如何组建团队、如何铸造民族品牌等问题,对答如流,从容坦然。

在访问快要结束时,主持人忽然从身后拿出了一瓶普通的娃哈哈矿泉水,考了宗庆后三个问题。

"请问您知道这瓶娃哈哈矿泉水的瓶口,有几圈螺纹吗?"

"四圈。"

"那么矿泉水的瓶身,有几道螺纹呢?"

"八道。"

主持人见两个问题都没有难倒宗庆后,拧开矿泉水瓶,看着手中的瓶盖,沉吟片刻,提了第三个问题。

"您能告诉我们,这个瓶盖上有几个齿吗?"观众们不知道主持人提问的意义何在,一时之间,讨论声、嘘声不绝于耳。

宗庆后看着主持人,微笑着说:"你观察得很仔细,问题很刁钻。我告诉你,一个普通的矿泉水瓶盖上,一般有 18 个齿。"

主持人惊讶地瞪大眼睛,仔细数了数瓶盖上的齿数,果然是 18 个。感叹一声,站了起来做最后的节目总结。

"关于财富的神话,总是让人充满好奇。一个拥有 170 多亿元身家的企业家,管理着几十家公司和两万多人的团队,生产了几十个品种的饮料产品,每日需要决断处理的事务何其繁杂。可是,他连他的矿泉水瓶盖上有几个齿,都了如指掌。也许我们可以从中看到,他是如何一步一步走向成功的。"

如果将你正在从事的事业比喻成一瓶矿泉水的话,你知道你的瓶盖上,有多少个齿吗?

古语有云:不积小流,无以成江海;不积跬步,无以至千里。很多时候,一件看起来微不足道的事情,或是极其细微的变化,恰恰最能反映问题存在的意义。

在生活中,很多人觉得工作枯燥琐碎,大部分人渴望自己能够升职加薪,却以敷衍的工作态度,过一天是一天,为了完成任务而完成任务,不去想是否还有更好的解决方案,不去思考策划方案中是否还存在问题。

你觉得工作简单无聊,毫无创造性可言。可是总有人在这极其平凡的职业中,找到蕴藏在其中的巨大机会。于是,他们成功了,你依旧在原地幻想着,抱怨着,不做任何改变,一生庸碌无为。

上帝是公平的,我们所得的果,是自己造成的因。生命的价值之一在于,我们可以选择以自己喜好的方式度过一生,也可以选择用竭尽全力的态度做好每一件事。所有的事情都有其存在的意义,不管我们在困境中走得是否艰难,都能锤炼出乐观、坚强这些闪光的品质。而这些是属于你的,独一无二的财富。

大学的时候我曾经担任过活动的负责人,由于是校级活动,需要联系下属十三个院系的老师同学,从拟定主题到撰写策划、通知,再到现场人员安排、善后工作事无巨细都得一一想好。

由于完全没有经验,所有细节都需要自己摸索。那段时间压力很大,在事情没敲定之前,我总是失眠,生怕搞砸了活动。

在做好一切准备后,活动当天原本晴朗的天空突然乌云密布。我站在宿舍阳台上,心情复杂,忧愁地做好善后准备,跟老师请示延期举行。

再次举办的时候,特意注意了天气的变化。活动的举办结果很好,不仅受到了学校领导的夸奖,同时也被刊登在日报上。

事后老师问我,是不是感觉累死了。我笑笑,因为有压力,所以事无巨细都得特别仔细地考虑并且决断。若自己没有用心到这种程度,结果虽不会大打折扣,但肯定不会完美。

所以,做好每一件事,其实也没有你想象中那么难。在最开始的时候,你要相信自己可以做好这件事。潜意识对于人有着强烈的刺激作用,正确的心理暗示能够无比积极地引导事物的发展。

其次,你必须脚踏实地。脚踏实地地做事,保持良好的精神状态和正确的做事方法,始终把承受挫折、克服困难当作是对自己人生的挑战和考验。

最后,你要甘于寂寞。你得时刻做好承受压力的准备,学会调试痛苦。从旧事中找出新方法来,学会创新,发挥自己的本领。这一切,都需要你用心去做,才能达到自己想要的效果。

或许你现在仍不得志,默默地在自己的岗位上奋斗;或许你现在仍不强大,辛苦的功劳被别人抢走也无可奈何。但请别着急,踏实一点,全力以赴地做好那件小事,坚持住,你想要的,岁月最终都会给你。

我希望有一个人,如你一般好

尔 雅

不对谁有所期待,不需要以取悦他人为生。我们消耗掉的每一天,都是无法重来的,既然已经浪费掉了小半生的时间为别人而活,剩下的人生更要以对自己好为目标犒赏自己,努力活出属于自己的精彩。

在现代职场生涯中,人们习惯用"领子"的颜色来划分不同的人群。按照知识层次、职业特点、职务高低、职场地位及薪酬厚薄等条件,划分出金领、白领、粉领、灰领、蓝领五种不同的职业类别。

随着生活水平的飞速提高,人们的生存压力也越来越大,女性不仅需要承担一部分家庭收入,更要努力协调好职场与家庭的关系。

要想做到两者兼顾,实在有些困难。在职场中,你可能面对上司的斥骂嘲笑;在家庭中,你可能面对家人的抱怨和不理解。

一年中你有百分之九十的时间在忙碌,却不知道自己在忙些什么。你很久没翻过书,不关注最新上映的电影,休息时间宁愿待在家里睡觉,很少逛街,不再旅游。身心俱疲时,觉得人生太无趣,生来就是受苦,你不开心,对生活再没有激情的态度。

造成这些情况的原因是什么呢? 很简单,你为别人而活,所以注定不快乐。

你自以为已经很努力在取悦别人,满足身边人的期待,却忽略了一个真正强大的人,不会把太多的心思花在取悦别人上面。所谓的圈子和资源都只是衍生品,只有花时间努力修炼并取悦自己,才能赢得别人的尊重;而只有平等的对待,才能让你的心不卑不亢。

对于职业选择,我曾经一度倾向于白领阶层,以为那些朝九晚五打扮光鲜亮丽的白领丽人们,处理事情聪明果断,能够很快完成一天的工作,剩下的时间都在某个很小资的咖啡店里喝下午茶,活得恣意悠闲。

然而这些认知,都从电视剧或者电影中总结而来,大部分是虚构的,那时候我对真正的白领生活尚且不知,等我意识到,周围已经流行起"粉领"的概念。

"粉领一族"是指在家上班的SOHO(家居办公)族丽人。在形式上,她们不用早起,不用看上司的脸色,不需观察同事的反应;在环境中,她们可以穿着睡袍或内衣在房间里穿行,敷着面膜上网搜寻信息,收发邮件,完成工作。她们受过高等教育、追求经济独立、寻求个人价值,面对生活平淡从容。

曾经看过一篇报道,专门采访过"粉领一族",印象深刻。报道选取了五六个来自不同行业的粉领女孩,或从事广告创意,或从事职业撰写,虽然收入没有职业白领高,但时时刻刻都在陶冶生活。

桃子小姐是一位资深粉领,由于不堪忍受复杂的人际关系,毅然辞去了令人羡慕的工作。得知桃子小姐辞职后,同处广告界的同学就让她帮忙做些创作,并给出一定的酬劳。

"可能我本身也比较擅长做这些吧,看到我的作品后,越来越多的朋友找上门了,广告创意的范围也越来越广。"

为此,桃子小姐还专门换了台电脑,购买了相关的设备,工作环境也从严肃的办公室变成了自由的小窝。

桃子小姐不爱运动,上班的时候,一坐就是一天。小腹上的赘肉日益明显,原先引以为傲的好身材不复存在,最令她忧心的是,健康状况也亮起了红灯。

成为粉领一族后,桃子小姐与身边的粉女孩们组成了一个小团体,大家约好一起健身、定期去泡温泉蒸桑拿,周末找个咖啡厅讨论书籍电影,交流工作心得,有了更多的时间陪伴家人,慢慢找到了来自自身的归属感。

并非我刻意提倡"粉领",我只是欣赏"粉领"的生活方式和工作态度,有足够的时间经营生活。每件事情都有 a 面和 b 面,粉领固然很好,但是也存在一些问题。诸如,伴随自由的是工作与收入的不稳定性,社会保险、医疗保险这些都得自己操心。

有些人会盲目草率地选择生活，见粉领舒适，便辞了白领的工作，不久后由于种种问题而重回白领行业。并不是每个女性都适合做粉领，也并非每个粉领都能过得舒适。

虽然粉领较白领的确多些自由，但白领也有一套自己的休闲模式，重要的不是职业的变化，而是心灵和选择。

每一个人活在世上都不可能只为自己而活，作为子女，我们有义务为年迈的父母提供赡养；作为丈夫或是妻子，我们又需要为家庭贡献力量；作为父母，我们有责任培养孩子长大成人。

你可能会问：我上有老下有小，生活压力大。若不做到取悦上司，很可能丢了工作；若不做到取悦同事，很可能失去合作机会；若不做到将空余时间用来整理家务，很可能招来丈夫或婆婆的斥责。取悦自己需要投入时间与精力，有如此多的担忧，对生活常常感到难以忍受，还如何做到取悦自己？

首先我想说的是，取悦自己并非需要满足某些特定条件。从表象来看，它可以指一切能使身心获得满足的方式，从具象来看，它可以指一顿大餐、一本书籍、一部电影，或者是给自己制订一个追求的目标。

的确，你上有老下有小，你需要完成上司指定的任务，你需要和同事处好关系，你需要做好家务以求更好地经营家庭。但是你有没有想过，当你用"忍受"一词的时候，你就注定不能享受生活了？

你只看到了消极的一面,将岁月随机赠予你的挑战与机会通通忽略,不停地否定自己,否定人生。

上司指责你,你就越挫越勇,努力提升能力,而不是唯唯诺诺担惊受怕。同事漠视你,你就拿出真诚助人的心情,用心待人与有目的待人的交友绝对不一样。家人埋怨你没有做好家务,你可以利用闲暇时间带他们出门散心,家务可以一起做,重要的是与家人在一起。

所以说,取悦自己与他人无关,与时间无关,与地点也无关。它在于你是否有渴望,在忙碌生活中调试自己至步履淡然;它在于你是否有激情,是否能在平淡生活中活出不一样的精彩。

选择一份爱好,或者选择一份挑战。生活是平淡的,但我们做的是努力让它保持热情,让它不变得平庸。

美国电影《追梦赤子心》中,鲁迪将"加入圣母大学橄榄球队"作为自己的追求,在追求的过程中,他提高了自己的球技,获得了学历,收获了满足和幸福。

做自己喜爱的事情,给自己设定一个目标。爱运动,就会尽可能利用时间来锻炼;爱看书,就会尽可能多地去阅读;爱看电影,就尽可能多地观看喜欢的影片。给自己设定一个目标,让自己保持一颗"想要"的心,才会不断拥有热情,以及在热情中迸发出愉悦。

席慕蓉在晚年的《独白》中有这样一段深刻的话:"在一回首

间,才忽然发现,原来,我的一生的种种努力,不过只为了周遭的人都对我满意而已。为了要博得他人的称许与微笑,我战战兢兢地将自己套入所有的模式,所有的桎梏。走到中途,才忽然发现,我只剩下一副模糊的面目,和一条不能回头的路。"

若你不想只为了生存而生活,若你不想一味取悦别人最终丧失了自己的灵魂,就将眼光放到自己身上来吧。

我希望有个人,如你一般好。这个"你",我更愿意把它理解为"改变后的自己"。

不对谁有所期待,不需要以取悦他人为生。我们消耗掉的每一天,都是无法重来的,既然已经浪费掉了小半生的时间为别人而活,剩下的人生更要以对自己好为目标犒赏自己,努力活出属于自己的精彩。

我们总在不懂爱的年纪,遇上最美好的爱情

彼岸花主

你有没有过一段刻骨难忘的爱恋?有点青涩,甚至有点幼稚,但回忆起来不是不自觉地嘴角上扬,就是心中刺痛总觉愧惜。你常常想,若是那个人出现在这个时候,是不是会有不同的结局?

有时候,我们不是在错误的时间遇到了对的人,而是人对了,时间和地点都错了。

秋禾读书时一门心思想要考大学,考上大学也不放松,知道毕业后必然要面临就业的事情,所以从大一开始她就有意识地培养自己的各种技能,参加各种各样的社团、协会,大有把自己培养成全能型人才的架势。

遇到顾南柯,是在书法协会里,顾南柯干净清爽的样子,一下子就撞进了秋禾的眼睛里,激起了一场不大不小的涟漪。

因为都对书法感兴趣,两人的交谈日渐增多,加了微信之后有事没事也会聊一会儿,就这么熟悉了起来。

到了大三时,两人一起参加了外市的一个书法比赛,很幸运的都通过了初试。复试要现场写一幅字,来回路上只有三天时

间，秋禾却没想到这期间她会遇到一场猝不及防的表白。

没有任何恋爱经验的秋禾愣怔良久，没有接受鲜花，倒是接受了那本石刻拓本的书法，说先考虑一下。这样的结果于顾南柯而言也很惊讶，但他愿意等待。

"你没有立刻接受，说明我做得还不够好，我以后会更加努力，只是希望你不要拒绝我的靠近，你愿意给我继续表露真心的机会吗？"

秋禾的脸色微红，微微点头算是答应。

顾南柯心中欢喜，只要给机会就总算还有机会。

当时网上流传一句话，说无论刮风下雨仍愿意出现在宿舍楼下给你送饭的，肯定是送外卖的，可是顾南柯是个意外。秋禾怕冷，一到冬天就不想出去吃饭，通常是去超市买一堆零食，凑合着当饭吃。顾南柯知道后，二话没说，就当起了"外卖员"，只给秋禾一个人送。

室友们都羡慕秋禾，说这么帅这么有才华，关键是这么贴心的男生打着灯笼也不好找，纷纷劝她好好抓住机会，别让"佳人"被别人拐跑了。

那时秋禾矫情，说"能让别人拐跑的就不是我的"。她捧着手中热气腾腾的饭，其实心里也很暖。可她就是摸不准自己的心思，不知道对顾南柯，是喜欢，还是欣赏，或者说是习惯……

寒假结束，秋禾去学校时遇上了大雨，从火车站出来，给室友打电话都没有人来,又给几个在社团认识的朋友打电话,不是没有来,就是没有空,秋禾顿感无助。

一场雨就能看清一群人。

顾南柯给她打电话时,她还在出租车上,她下车时顾南柯已经等在学校门口了。看到她,她的头发和衣服全部都是湿的。他心疼,本想责问她怎么下火车时不给他打电话,后来只是淡淡一笑,自然而然地拎起所有东西。

秋禾永远记得,顾南柯看见她眼中的泪水时给她的那个拥抱,那一瞬间她觉得这是世上最温暖的怀抱。可是后来很多年她都没有再遇到过这样的怀抱。

秋禾推掉了除书法之外的所有社团,每每遇到别人问她为何忽然要离开社团时,她总是微微一笑,并不回答。

周末没事时她还是会去书法协会的基地,他们参加比赛获得了名次,不仅有奖杯还有奖金。协会里起哄说他们果然是金童玉女,会长组织聚餐,庆祝这一喜事,更是努力撮合两人。

顾南柯再次表白,秋禾答应了。

她至今记得顾南柯那一刻的欢喜,那天他说了很多话,喝了很多酒,最后被人架回去时还大着舌头说他终于追到了秋禾。说不开心是假的,有个人愿意知冷知热地宠着你,哪个女生会不觉得骄傲呢。

大四毕业那年,顾南柯原本已经签了上海的一家外企,那家企业是多少人争破头想进去的,只因秋禾一句不喜欢异地恋,他毅然决然地跟着秋禾去了苏州。

爱本是相守,异地太难受。

秋禾有些矫情,这一点她自己也承认。工作后她体会到了职场的斗争,心里不爽,常常跟顾南柯抱怨,每一次顾南柯都是一位合格的倾听者,听她抱怨完就会把她搂在怀里边安慰边提出自己的看法。

他就是她职场的军师,人生的导师。

秋禾下班时,总会在公司门口看到等候她的顾南柯,这样帅气有才华的男朋友,令同事们十分羡慕,每次她都会骄傲地挽着他的胳膊炫耀。却不知道因为她怕黑,顾南柯拒绝加班只为了接她回家。

后来,秋禾才知道顾南柯所处的职场竞争更加激烈,因为顾南柯拒绝加班,时常请假,他接连错失了好几次晋升机会。她也不知道顾南柯说自己出差了,其实是阑尾炎疼痛太厉害而去医院接受手术了。

"你能为爱情付出多少,你就可以得到同等的幸福,其实不然,爱情需要两人的共同经营才会有好的结果。如果在爱情里,一方拼了命地付出,一方却理所应当地享受,这样的爱情又能持续多久呢?"秋禾苦笑,似乎终于意识到当初自己的无理取闹。

秋禾不懂爱。

从始至终她都不懂得该如何去爱一个人,很多时候她甚至依旧不清楚,她是爱顾南柯,还是习惯依赖顾南柯。

谈到结婚这个话题时,秋禾家里要的彩礼太多,超出了顾南柯的承受能力。顾南柯和她商量,她一脸不以为然地说她的小姐妹结婚差不多都是这个彩礼。

顾南柯走了。

秋禾再也打不通他的电话,她问遍了他们的共同朋友,没有人知道顾南柯去了哪里。巨大的失落袭击了她,那个一直宠着她惯着她的男人,人间蒸发了。

她哭着回忆曾经的点点滴滴,发现这场持续了几年的恋爱,始终都是顾南柯在付出和经营,而她只是习惯了被照顾。

后来,年龄也不小了的秋禾,开始了频繁的相亲生涯,坐在她对面的男人要么面露不耐、要么色眼滴溜溜转、要么见两三次就想结婚、要么提出规划婚前财产、要么让她学会迁就、要么嫌她什么都不会……

秋禾心里不免抱怨,我什么都不会还不是让那个顾南柯惯的,他不要我洗衣做饭,对皮肤不好;他不让我认路,走到哪里都是他带着;他不要我承受压力,什么都由他扛着……

原来他这么好,能容忍我所有的缺点,以前我怎么就不懂得?

秋禾想哭,可是再也没有人那么有耐心地把她搂在怀抱里安慰,也没有人在意她是否怕冷怕黑。

再后来，顾南柯给她打电话，说他做生意失败了，娶不了她。他把当年他们一起参加书法比赛的奖杯寄给了她，随奖杯而来的只有四个字：祝你幸福。

从那以后，秋禾真的再也打不通那个电话。

秋禾懂爱了。

顾南柯却彻底转身了。

秋禾跟我说这些的时候，她已经30岁了。她说，再也遇不到另外一个顾南柯了。她说，我寻寻觅觅，寻寻觅觅，就想要一个温暖的怀抱，可是我找了这么久，再没有一个怀抱让我觉得安心，想要停留。

人不要活得那么矫情，总以为别人对你付出都是理所当然的，别总习惯性地想要去依赖。没有哪个人，愿意为你什么都去做。如果遇到了，那是你的幸运。

有个爱你的人不容易，不要轻易伤了他的心。

所有美好的爱情，置身其中的人都很难体会，而懂得珍惜的人，都获得了幸福，那些对爱情心存遗憾的人，大都曾有过一段错失的美好。

有人告诉我，喜欢一个人，就常常想着他的好，这样才能让爱情一直保持着原来的样子。我们总是在不懂爱的年纪，遇上最好的爱情，等走着走着散了的时候，才猛然想起当初如果不这样也许就好了。

如果那个最好的人，出现在我们懂爱的年纪，那该多好，会不会结局就不同了？或许吧，天时地利人和，三者兼具的时候，爱情才会是最好的样子。

你若不懂得爱，却恰好遇到了那个爱你如己的人，别矫情，请好好爱他。

爱你的人倘若很优秀，你就应该努力让自己也变得优秀，站在同一个高度相爱，才能长久走到未来。

如果可以的话,不要用恨来结束一段爱

白枫麟

分手既成定局,你再三细究谁对不起谁,有何意义?一遍遍地将悲剧重放,换来的只有心酸与不甘。爱情本无逻辑,探讨是非对错,浪费的是你的光阴,牺牲的是你的生命。受伤流血就要想办法止血,而不是一味地揭开伤口。

我们的一生时光有限,如果可以的话,不要用恨来结束一段爱。

心态漂亮,虽败犹荣。

爱情永远是人类向往的美好事物,每个人都渴望一段刻骨铭心的爱。倘若真爱能修成正果,那是毕生的福分,倘若不幸分手,那是上天的责难吗?作为被甩的一方,该如何面对分手后的痛苦?是选择憎恨还是遗忘?

相信读完下面的故事,你会找到满意的答案。

琴是我的大学室友,五岁那年父亲抛弃她们母女二人和另外一个女人走了,从此母亲一蹶不振,终日以泪洗面。在母亲的啼哭声中,她渐渐明白一件事:男人是最靠不住的东西。

尽管琴不苟言笑,给人感觉冷冰冰的,但是面容姣好的她在大学里还是吸引了不少人,其中不也有系草——华。

系草总会在校园里"偶遇"琴,对于他的殷勤,她从来不曾动心。每当男生起哄大嚷"华要追你",她雕刻般的脸从未有过一丝波澜。

　　心如止水的女人最能勾起男人的追逐欲望。

　　三年,整整三年,华对冰山美人的热情始终如一,向所有女生证明痴情男子并非传说。他像一只科莫多巨蜥,坚韧不拔地守候猎物,等待着云开见月明的那天。

　　也许是真情,也许是运气,也许是天意。

　　在华第 N 次倾诉衷肠的时候,琴点头同意了。

　　原来千年冰山也有融化的一天。

　　华欢呼雀跃,请全班吃饭。尽管作为主角的琴依然高冷到不讲话,但是微弯的嘴角还是泄露了好心情。

　　不论容貌还是气质,他们都是佳偶天成。除了个别女生眼中泛着酸水,其余大部分人都看好他们。

　　冬去夏来,一转眼到了毕业季,也称为分手季。任何校园情侣都将面临这场艰难考验。

　　交往了七个多月的"神仙眷侣"能否逃过此劫?

　　童话之所以美好,是因为它脱离了现实的残酷。

　　毕业前一周,琴和华分手了。

　　出乎所有人的意料,提分手的竟然是华,理由是他只想谈恋爱,从未考虑结婚。

　　那一刻,琴冰雕的五官松动了,瓦解了,破碎了。她蹲在地上

哭得像一个迷路的孩子,

悲凉的哭声灌满了每一条耳道,濡湿了每一双眼睛,侵入了每一颗人心,却唯独挽留不了男人的决绝离去。她的耳畔响起了母亲的一句话:男人是最靠不住的。

有人说世界上最遥远的距离不是生与死,也不是我站在你面前,你不知道我爱你,而是我为你死心塌地,你却无动于衷。

品学兼优的琴大病了一场,错过了毕业典礼,病愈后的她逃命般地返回了家乡小镇。

在老妈的催逼下,琴进了一家小事务所。

在公司,除了公事,琴绝不多说一句,她比过去更冷漠,私下与同事没交集,整个人处于真空状态。背地里不少人议论她高傲到不合群。那一年正赶上公司裁员,她毫无悬念地上了榜单。

不得已,琴换了专业不对口的工作,做得很吃力。

俗话说情场失意,职场得意。可是为何悲催的她会遭受双重失意?

琴变得自暴自弃,开始学别人泡吧、喝酒。

三年后,我刚好到她家乡做审计,约她出来叙旧。见到她时,着实吓了一跳,她变了好多,快认不出了。她面容憔悴,精神萎靡,除了那双冰眸,几乎找不到当年的靓影。

我以为是那场大病的后遗症,问她,她苦笑不语。

酒过三巡,面色微醺的琴冒话了,她一边诅咒负心汉,一边仰头猛喝酒。我实在看不下去了，一把夺过她的酒杯，说："够了，别喝了！你这样做值得吗？"

她冰冷的眼神带着幽怨，生硬地扔下一句："你不懂！"

我依然握着她的酒杯，寸步不让地说："是你不懂！忘了他吧！重新开始，一切还来得及！"

"如何重新？如何开始？"她眼圈红了，哽咽地说，"自从他伤害了我，我就陷入泥潭，不可自拔。我的工作，我的前途，我的人生，全毁了，都是他害的，我恨死他了！"

她的手握成拳，指甲深陷掌心。

顿悟的我明白了一件事，那个曾经伤害过她的初恋男友变成了她心坎里的一道"死劫"，她没有选择用事业、用梦想去跨越它，改变它，征服它，而是不停地揭开伤口，一味地任其发炎，流脓，溃烂。让毒瘤侵蚀心智，让仇恨孕育成长。

她如此自我折磨，目的是什么？让他自责吗？

可惜琴错了，他们早就形同陌路。这三年她生不如死，职场中怀才不遇，华却娶妻生子，一家人其乐融融。

她这样自怨自艾，不是在报复他，而是在惩罚自己。

可是被仇恨蒙蔽双眼的女人分不清楚！

我拉着琴攥着拳头的手，语重心长地说："请不要因为别人犯下的错，停止你追求幸福的脚步。"

"我的心彻底萎谢了。"她低头避开我的目光。

"就算是公主也会吻错几只青蛙才遇上王子。既然他只是你生命中的一个匆匆过客,时过境迁,你过分认真,岂不可笑?"我反问。

她嘴唇紧抿。

"他给了你三年的情,如果你要还,也早还清了。没有什么可以打倒你,除非是你自己选择倒下。是你不愿意接受新生,生活从来不曾抛弃你。"我拍了拍她的肩膀,说,"无论如何答应我,不要学你的母亲,一辈子停滞在男人给她的阴影中。"

我买单走了,留下若有所思的琴。

昔日往事依如故,贪杯醉酒无消愁。

爱情真是奇妙而难以言喻,能让女人智商瞬间归零。其实这话不够准确,爱情是两个人一起犯傻,一旦某人不想犯傻,另一个就傻眼了。琴与华之间的爱情随着华的背弃如烟火般转瞬即逝,盛大绚丽却无比凄凉。

曾经的沧海,已覆水难收,曾经的誓约,早灰飞烟灭。

而琴一直在纠结为何被甩,到底做错了什么,遭到如此下场。

其实她没有错,华也没有错,错的是他们不适合,在不对的时候遇上对的人,自然得不到好结果。

可是琴中了感情的毒,爱与恨转换在一念之间。她迟迟不懂,华之所以能重伤她,是因为她过于执着。她跌倒了,却一再沉沦,她没有为自己疗伤,而是让伤口不断扩大。

人要试着改变思路,千万别一意孤行。该坚持的要坚持,不该坚持的要放手。否则爱情中的"轻"会变成生命中不可承担的"重"。

青春期的爱情多有类似,你投入一份真情,换来的却是被甩。从此乌云罩顶,物是人非,人心不古。其实,背叛能够伤你只因你太在乎,在伤害中你怕了,你脆弱了,于是用冷漠示人。

千百年来爱情的魔力就在于:它能让相信爱情的人更相爱,也能让不相信爱的人重拾勇气。漫漫人生路,陪我们走过一段路的人,必然有他出现的缘由与价值,我们可以不愿提起,但是不能抹杀过去。如果我们不能够收获一份爱情,那么我们应该从中得到一些启发,在下一次爱情来临的时候,不要犯同样的错。

如果可以的话,不要用恨来结束一段爱。唯有摒弃仇恨,放下过去,才能拥抱未来。

三年后,意外地接到琴的喜帖,她居然要结婚了。对方是个阳光帅气的律师,而她现在是一家上市公司的财务经理。

我飞到了她的家乡,她和老公来机场接我。

琴的气色好太多了,眼中的阴霾一扫而光,脸上挂着浅浅的笑,比大学时代还美上三分。她拉着我的手,诉说着如今的幸福,激动地说:"你说得对,生活从来没有放弃过我,上天给了我最好的安排。"

她改变了思路,放下了恨,迎来了爱。如今枯木逢春,曾经萎谢的心开出了不一样的花朵。

我们抱在一起,喜极而泣。

你的眼睛，是我永生不会遇见的海

亭后西栗

总有些记忆，深深地刻在脑海中，萦绕在眼前，在每一个深夜梦回时怀念，又在每一次怀念中拼命重温。

还记得很小很小的时候，我们每天读的《井底之蛙》的寓言吗？"你看过大海吗？海的广大，哪止千里；海的深度，哪止千丈……"

素云每每读到这样的句子，都会想象，海到底有多么宽广，到底有多么深远。直到高考结束，她如愿以偿地来到了这座海滨城市。

她会沿着海岸散步，在夕阳余晖的轻抚下，也会小心地让脚趾陷入细细的沙地，仿佛生怕踩疼了沙子底下睡着的贝壳。当阳光明媚的周末，素云会跟着寝室的姐妹一起，登上帆船，从海边出发，驶向近海。

其实，近海并不近，当素云坐在狭窄的甲板上，看着身旁一片茫茫海蓝，她忽然有种飘忽的不安。是她太渺小，还是海洋太深远？抑或是，内心的孤寂太深沉？

"素云,怎么回事,你不是一直闹着要出海来看看吗?怎么一出来反而蔫了?"

这是素云在宿舍里的好姐妹,也是当地人,现在,这个被大家唤作柳儿的女孩,正俯在栏杆上,悠闲地看着素云,脸上还写满真诚的关切。

素云回想起自己闹着要出海时的情景,不免有些脸红,这似乎和叶公好龙并没有什么两样,但看着柳儿真切的神情,她沉吟一下,还是开口了。

"那个,说实话,我有点害怕……"

柳儿扑哧一声笑出来,看看素云低下的头,又看看远方水天相接的地方,大大咧咧地说:"这有什么不好意思的,你就是不习惯,等我哥有空了,以后每周带你出海一次!"

有时候,人总想着给对方承诺些什么,总希望从对方的笑脸中,找到自己的欣慰,可是柳儿不知道,就是这样的一个承诺,却让素云在这片深蓝的海洋里,沉浮一生。

第一次见到柳儿的哥哥,是在柳儿的生日聚会上。

"这人真是的!明明说好了要来接我,现在让我自己去不说,还告诉我他要晚点到,这到底是不是亲哥啊!"柳儿一边抱怨,一边抓起背包,将手机胡乱塞在外衣口袋里,横冲直撞地出了宿舍房门,留下一句:"素云你快点,不然我真的要发作了!"

素云跟在她身后,一边手忙脚乱地穿上外衣,整理领口,一边一个个地系着扣子。出了宿舍大门，她正低着头瞄向脚下的门槛，不想却一下撞在柳儿背上。

"怎么啦！"素云问着，有些慌张地抬起头，看向立定面前的柳儿。

"哥！"柳儿叫着，宛如新出窝的小燕子，转眼便乘着风滑向那个高高的身影。

柳远洋，柳儿的哥哥，一个远洋船员。他的名字就如同他的命运一样，日复一日地颠簸在碧空白云与细浪微波之间。

"素云，这就是我哥哥，哥，这是素云，我的室友！"

"你好。"柳远洋笑着向素云打招呼，"小柳上学的时候我正好出海，所以没有见过你。"

"啊……你好！"素云应着，头却下意识地垂下，系扣子的手，不由得捏了捏衣角。

"是啊，你一年才回来几天啊，按照你见我的频率，我中间换了几个男朋友你都不知道！"柳儿并没有发现素云的异样，半开玩笑地埋怨着哥哥。

"是啦，我补偿你，补偿你还不行吗？"

"快，带我们出海！素云从小到大都向往着大海……"柳儿说着，张开双臂在台阶下转了几个圈，"这么说来，你这理想倒是和我哥很像，是不是素云？"

"啊？"素云明显一愣，抬起头看着柳儿，之后才恢复了之前的笑容，"是啊，不过那是因为我从小就没见过大海。"

都道人情似海深，都叹女人心海底针，却不知人心亦是如海深。素云在第一次见到远洋的那个早上，就从他的眼中，看到了无边无际的大海。

当平静的海水躺在阳光下，又被映照在他的眼底，素云恍然感到，天地间的一切，也不过就是头顶灿烂的天空，和他眼中藏着的，那深远澎湃的海洋。而小小的她，比之前还要渺小卑微，在这片海洋中，翻滚浮沉，不知始终。

就像所有的青春往事一样，素云和远洋的爱情，顺理成章地铺开在洁白的沙滩上，就像一朵云落入水中，似雾似水，不留影踪，他们是那样契合，毫无芥蒂；又像是温柔的水波推送航船，在迷途中归返。

爱情有时候，并不仅仅是追求自己的所想所要，而是回归内心，因那个人在心内的驻留，可以让你重新认识自己。

若心是迷航，那么爱情便是灯塔一般的存在，只是，有些灯塔，能够照亮一生，相守岸边，有些，却只是绚丽地闪耀，接着一转眼，便令人痛心地熄灭在航线尽头的角落，有如昙花一现，流星一笔，就像远洋的那次出航，之后，竟是水岸永隔。

柳儿抱着素云哀号，素云却只是静静地流着泪，看着墙上挂好的婚纱照。

数不清的多少个夜晚，她都会被噩梦惊醒，梦里，巨轮倾覆，水面上,远洋向她伸出一只手,她哭着扑过去,却听到远洋猛地大叫"别过来"。

接着,一切都结束了,梦里的一切,还有整个梦境,人、船、海洋,全都烟消云散,只有眼泪从梦里流到梦外,像一个未完成的梦境,咸涩苦楚。

后来,柳儿自学了摄影,开始扛着摄像机,拖着三脚架,在海边拍照,只在海边,只拍海景,只拍一人,只拍婚纱。

素云穿着洁白的婚纱,裙摆在风中摇荡,就像是一片素白的云朵,被吹落在无人的沙滩上,在一个个日出日落,正午深夜,镜头在叫,海浪轻声歌唱,而柔情似水,注入海洋,因此浩瀚无涯,千年不灭。

她们会将照片烧掉,对着远洋的方向,其实远洋并没有什么方向,无论你站在哪里,远洋都在水天相接的地方,海水太深,海面太广,而她们无能为力。

每个女孩都会有美好的憧憬与梦想,在那个青涩勇敢的年纪,我们每个人都曾奋不顾身,都曾全力以赴,于是总有些记忆,深深地刻在脑海中,萦绕在眼前,在每一个深夜梦回时怀念,又在每一次怀念中拼命重温。

素云永远都会记得,在那个下着细雨的傍晚,当天与海交织成灰蒙蒙的一片,她和远洋一起泡在海水中,让一波一波的细浪冲刷着身体,任丝丝雨水轻落在头上、脸上。

素云刚刚呛了一口水，抬起微红的眼睛，有些恼火地看着远洋。

　　"你明知道我游得不好，干吗还使劲往下按我！"

　　远洋只是微笑着不说话，眼睛却一刻也没有离开素云的脸。忽然，他发现素云的脸上浮起淡淡的红色，她白了他一眼，接着，似乎是不经意地，将脸转到一旁，看着晃动的水面，不作声。

　　"怎么啦？"远洋话里带笑地问。

　　"没什么，生气了。"素云闷闷地说，头却更低了。

　　"真奇怪，小柳没说过你这么容易害羞啊！还是我脸上长了什么不好的东西？"

　　素云回过头，正要反驳，却惊觉远洋已经随着海浪漂到她的面前，她的鼻尖抵在他那棱角分明的下颌上。

　　接着，那双眼睛也凑了过来。

　　"到底怎么回事？你是不是本来不喜欢我，只是因为不好驳了小柳的面子？"

　　素云拼命地摇着头："不是的，不是因为这个。"

　　"那是什么？"他问着，眼睛却又近了一些。

　　在灰蒙蒙的天空里，他的眼睛格外有神，素云看着看着，竟然有些出神。恍然间，脚下一股暗涌奔来，她竟趔趄了一下。

　　"没事吧?！"远洋一把扶住她，急着问。

　　素云却只是摇摇头，再次抬起有些迷茫的眼睛，看着远洋。

　　"其实从第一次见到你，我就想对你说，你的眼睛看起来真像大海……"

　　是的,深沉而宽广,眼神如海浪般涌动,就像一股无形的力量,扯动着素云的心神,又像是一个深深的漩涡,将她一步步吸向中心,心甘情愿,永不回头。

　　再也没有哪一片海,是如此深情,再也不会遇见哪一个人,有海一样的眼睛,就像素云年幼时梦见的海,波光闪闪,就像素云第一次出航时的海,浩瀚无边,就像素云永远记得的海,有他的远洋,有他的水天一线,海阔天空。

　　在这个世界上,没有什么事是过不去的,也没有什么东西能回得来。素云清楚地知道,她的远洋,已经消失在那可望而不可即的远洋之外,再也不会回来,只有潮起潮落,是他的呼吸起伏,清风云影,是他的柔声细语。在往后的岁月里,她跟着自己的婚纱照,做客于一间间展厅,行走在一个个城市,眺望着一片又一片海洋,却再也见不到曾经的浩瀚与深邃,那是藏在他眼中的海,她永生不会再遇见的海。

那一首没有写完的歌

尔 雅

这个世界上,有的人很早就规划好了自己的人生;有的人觉得只要完成人生的一个短期目标,下一个阶段要做什么自然会浮现出来。

这两种做法都没有错,但更多的人却是,活一天是一天,没有渴望,没有期盼,没有上进心,依旧无比正常地活着。臧克家先生说:"有的人活着,他已经死了。"

上大学的时候,学校曾经给我们额外开过一门课,课程名是"创业模拟实践",美其名曰要让大学生树立创业意识,进而缓解毕业就业难的问题。

由于小组自由组队,我一个不留神就被学霸团拉了过去,每每讨论创业项目的时候,都能感受到来自学霸们的书香气息与精神头脑,金钱是俗物,买的都是情怀。

意见始终得不到统一的时候,我听见了来自隔壁队 a 同学不耐烦的抱怨:"干吗要开这个课,浪费时间,反正以后都不会去创业!"

我起了好奇心,便凑上去问了一句:"那你以后想做什么呀?""不知道,反正不会创业!"说完低头刷手机。

观察 a 同学的日常,无非是上课玩手机,下课打游戏,一天的大部分时间用来睡觉,一年的大部分时间用来耗费。有段时间他觉得,如此甚不好,便想要改变。关了游戏,卸了聊天软件,煞有介事地制订了一整套计划,让我这个旁观者也不禁心潮澎湃,觉得一个有为青年从此奋起。

过几天后我见他精神有点萎靡,便问他怎么回事,他叹了口气说别提了,去图书馆就想睡,结果趴桌子上睡太久冻感冒了,在宿舍无所事事,纠结了几下重新装了游戏,他说他觉得人生已然苍白,生无可恋,江山易改,懒惰难移啊!

这个世界上,有的人很早就规划好了自己的人生;有的人觉得只要完成人生的一个短期目标,下一个阶段要做什么自然会浮现出来。

这两种做法都没有错,但更多的人却是,活一天是一天,没有渴望,没有期盼,没有上进心,依旧无比正常地活着。臧克家先生说:"有的人活着,他已经死了。"放到现代社会,大抵说的就是这种人吧!

人生那么长,变数太多,一个不留神就能越走越偏,当你垂垂老矣时回想这一生竟走得如此歪七扭八,没有一丝精神寄托,实在是遗憾与可悲。

晚上回去的时候,我又想起我的另一个朋友。他从高中就开始探寻自己的人生意义与规划,不知道是不是经常思考的原因,每次见面都能感觉他身上透着与年纪不成正比的稳重。

有次聊天的时候,我问他:"你以后想做什么?"他毫不犹豫地说:"当律师啊!""你很喜欢律师这个行业吗?""喜欢,从高二的时候我就确定我以后会是律师,并且做得很好。"

我的这位朋友,很少玩游戏,看书爱看法律书籍,忧国忧民忧时事,兴趣爱好也不宽泛,对悬疑类的电影尤其偏好,但他每天都活得很踏实,没有年轻人普遍具有的焦躁与迷茫气息。他说觉得男生应该有家国情怀,他说他已经规划好了小半生,因为他觉得,只有当你对整局棋有了纵观力,你才能不走偏,才能镇定地处理突发事件,才能有机会下好整盘棋。

听完他说的话,回家的路上我便一直在思考,人生的意义在于何处,我们应该如何规划自己的人生,需要规划些什么?想来想去却平添忧愁,在人生这局棋上,有的人把自己的角色设定成为棋手,而大部分人,却把自己设定成了棋子,落子皆靠随意,遇事皆靠自然。

那么,我们如何将棋子角色转变为棋手呢?我一直信奉"成功=规划+行动力+方法"这个等式,规划是前提,行动力是途径,方法是基础。规划又分短期规划和长期规划,短期规划是指你以日月为轴想要完成的目标,长期规划是指你在以年计算的时间轴度内想要完成的计划。

以我朋友的例子来说,他的短期目标是考研,长期目标是成为一名好律师。这时候有人可能会产生质疑,那么规划就太好做了,简单到可以信手拈来的程度,我的短期目标是能去多伦多餐厅吃饭,我的长期目标是当老师。

但是这时候我得问你,多伦多这家餐厅全世界只有一家,且需要你跋山涉水,还贵到连身价过亿的土豪吃一次都要心疼几天,你觉得值得吗?长期目标是当老师,那么我再问你,你了解老师这个行业吗? 你喜欢拿起粉笔站在讲台上侃侃而谈的感觉吗? 你拥有教书育人的情怀吗?

所以,规划这两个字背后的意义有两层,一是挑战,二是兴趣。你必须得挑战,有懒惰、有退却、有放弃,任何一个具有挑战性的短期目标都不可能轻易为之,若你觉得容易,那便是挑战的系度太低。

挑战开始的时候,你需要不停刻意地催眠自己来让你的大脑体系适应这一项新模式。渐渐的,你会变得自然,但这时候也最容易放弃,因为你会觉得挑战的激情已经没有最开始那么充足,你会觉得不过如此,这时候你得稳住阵脚。在最后一个阶段,你会觉得生活已经上了正轨,你乐意去完成你的挑战直到成功。

再者是兴趣,有句话说得好,一辈子这么长,我们需要和有趣的人在一起。那么同理,一辈子这么长,我们需要与有兴趣的职业为伴。它决定了你在每天醒来的清晨,有足够的力量面对一天的奔波劳累。当你有了寄托，你就有了力量。而这个寄托，便由兴趣衍生而来。

你说你要做老师，做科学家，做警察，说出来往往会博得他人的一众好评，但是你忽略了一件事情，这样的职业寄托，只有在我们小的时候有过，而你的人生小半生已经过去了，你却还停留在原地踏步吗？

很多人自以为自己是个规划达人，计划可以精确到小时，但真正做到的又有几个？即便真正做到了，又能坚持多久？你对于一件事物无法做到热爱，时间久了你得如何维系住你为自己量身定做的"皇帝新衣"。

很多人觉得自己做了规划，但是实际上，你并没有规划。你的生活还是杂乱不堪，你的人生依旧迷雾重重，你依旧不知道，人来到世上有什么意义，活着，有什么意义。

《钢铁是怎样炼成的》里面有这样一段话："人最宝贵的东西是生命。生命对于我们只有一次。一个人的生命应当这样度过：当回首往事的时候，他不因虚度年华而后悔，也不因碌碌无为而羞愧——这样，在临死的时候，他能够说：'我的整个生命和全部精力，都已经献给世界上最壮丽的事业——为人类的解放而斗争。'"

很明显，保尔·柯察金知道人生的意义，懂得生活的目标，当然很多人不可能拥有像他那般的情操，我们想得更多的是，真正地过好自己的一生。

那便就此改变吧,好好想想自己喜欢什么,自己拥有什么,好好想想,你人生的规划是什么,然后不断修正自省,从规划短期目标开始,努力从棋子变成下棋人。

请珍惜那个为你擦去眼泪的人

玛瑙石

　　鱼儿流下的眼泪是悄无声息的，没有人会知道，因为它的眼泪只有水知道，鱼儿离开了水会失去生命，而水离开了鱼儿却少了生气，最后鱼儿离不开水，水也不能没有鱼儿，它们相互依偎，温暖彼此，懂得珍惜。

1

　　是不是我一说沐鱼，很多人会联想到"木鱼"？

　　其实不然，沐鱼与"木鱼"只是谐音罢了沐鱼是一个美丽大方又善良的姑娘，她来自有着"天下第一滩"美誉的北海，全身都散发着水灵的气息。

　　沐鱼姑娘虽然来自北海，却喜欢上了有着"鱼米之乡"美称的芙蓉国，在这里她开了一家小而精致的甜品店，日子过得充实又美好。

　　认识沐鱼姑娘时，她的甜品店开业，而我则经历了平生最尴尬的一幕。

　　周末休息本是上班族最渴望的时间，那一天却发生了尴尬的事，我穿戴好后，一个人神情恍惚地来到了沐鱼姑娘的甜品店,直言道:"老板给我来份提拉米苏。"

女老板热情地帮我包装好后,我正准备付钱,傻眼了,出门带的一百元大钞就这样不翼而飞。心里干着急,又没带手机,这下店里很多人都望着我,老板却笑着道:"是不是没有带钱包?"

我不好意思地点了点头,本以为这老板肯定会把我痛骂一顿,然后再把我扫地出门,谁知道她没有,居然说:"没事,你先拿回去吧,这份就算是我送给你的早餐礼物。"

当时我万分感动,对老板连谢了好几声。老板看着我脸上丰富的表情,扑哧笑了起来。

那是我们第一次相识,那次也是我第一次在那家叫"只等你"的甜品店买甜品当早餐。

时间慢慢地移动着,我喜欢第一印象好的人,所以那次以后,我基本上天天下班回家,都要奔到她的甜品店去买甜品吃。

后来因为朋友们看我天天吃甜品却还不发胖,一个个对我投来了鄙视与羡慕的眼神。从此我也与老板沐鱼结下了深厚的友谊。

也是在那个时候,我突然发现,在我们的生命旅途中,每天都会遇到形形色色的人,但是有一点不能否认的是,缘分这个东西,有的时候来得让人措手不及。

2

在与沐鱼熟悉的日子里,每周周末休息时,我就会来到沐鱼的甜品店,吃着沐鱼做的甜品,一边大呼好吃,一边帮她做着杂事。

沐鱼喜欢做甜品,她说做甜品能让她忘我,做甜品让客人们吃,会让她觉得那是一种幸福,而那种幸福却是言语无法表达的,她陶醉的小脸上写满了幸福的表情,总之用她的话来表达就是那种感觉美妙极了。

在我没有来沐鱼的甜品店之前,我并不知道这里开了一家甜品店,只是那天开业的时候,我却忘记了带钱,我才知道,那天是"只等你"甜品店开业的第一天。

慢慢地,跟沐鱼越来越熟后,我才知道原来"只等你"甜品店的名字是那么有意义。

沐鱼说,她从北海一个人来到这里,只为等一个人,一个曾经因为她的一不小心就弄丢了的人。

我当时笑着问她:"既然丢了,还能找得到吗?"

沐鱼并没有回答我,只是苦笑一声,点了点头,从她的眼神中,我看到了茫然与不自信。

我不喜欢去猜测一个人,更不喜欢去打听别人不愿意说的事情,从沐鱼的表情与眼神中我能看出来,她肯定是一个有故事的人,而且还是一个内心世界精彩的人。

沐鱼不愿意多说,我也不会去追问,我始终相信,任何的伤疤虽会随着时间的挪移而慢慢愈合,但也会留下痕迹,可后来的故事,让我明白这样的想法是错误的,因为伤疤愈合,也有不会留下痕迹的时候。

3

七夕那天,成双成对的情侣,手牵着手,有说有笑地一起向前走,或是约会,或是漫步,或是烛光晚餐,而我却陪着沐鱼姑娘在"只等你"甜品店痛快地喝着红酒。

在这样一个到处都充满浪漫的空间里,我们两个单身女子,一杯一杯地干了下去,几杯红酒下肚,渐起醉意的沐鱼姑娘突然拿起酒瓶,扛椅子,在店中摇曳道:"我一定会把那兔崽子找回来的。"

兔崽子? 是谁? 我也不知道。

沐鱼姑娘边哭边笑地道:"我告诉你,兔崽子,他是一个在我哭泣伤心时,愿意为我擦去眼泪的人;是一个在我生病时,愿意照顾我的人;是一个在大冬天里,会给我披上外套的人。可我却活生生地把他弄丢了,不知道丢到了何处,想找却找不着。"

看着沐鱼姑娘吐露着心事,我醉意全无。她弄丢了一个愿意为她擦去眼泪的男人,却在自己知错后,鼓起莫大的勇气想找回。

就这样,七夕情人节,我们在"只等你"甜品店的地板上度过了一晚,第二天一大早醒来,你看着我,我看着你,再看看桌上喝完与未喝完的红酒,都畅快地笑了起来。

沐鱼说,这是她弄丢了那个他之后,过得最开心的一个情人节。

4

自那晚后,沐鱼姑娘把那个他深深地放到了内心深处,自信满满地扬言要开启人生新的篇章,要在这里开启甜品王国,开上百家的"只等你"连锁店。

月老先生似乎总喜欢跟痛苦的人开玩笑,那日沐鱼正在店中忙碌着,突然一个男子匆匆走了进来,一进门就叫:"老板,给我打包一份德式黑森林。"

正在摆放甜品的沐鱼姑娘,听到了熟悉的声音与熟悉的甜品名,僵直的身子,久久不敢直起,嘴里喃喃自语:"德式黑森林?"

沐鱼姑娘慢慢转身,却看到她苦苦找寻许久的他,眼泪刷的一下就流了下来。看着眼前熟悉的陌生人,她不敢上前,他不敢退后,两人就这样愣愣地站着。

突然男孩子笑着道:"好久不见,没想到会在这里相遇。"

沐鱼姑娘也尴尬地道:"好久不见,不想会再相见。"

离奇的是,自从这一次偶遇后,沐鱼姑娘说再也没有见过他,他好像又一次人间蒸发了。

正当我准备安慰沐鱼姑娘时,一束999朵玫瑰花出现在了甜品店,我看着沐鱼,沐鱼却惊讶地看着我,直摇头,表示她也不知道这是什么情况。

她取下卡片,上面写着几个字:德式黑森林。

沐鱼姑娘脸上的笑容此时特别美,特别灿烂,站在原地傻傻地道:"原来你还在那里。"

不是沐鱼姑娘找回了她的王子,而是王子知道了沐鱼姑娘的心意,王子愿意回来,愿意继续为他的公主擦去眼泪,然后以后的每一天都给他的公主充满阳光与快乐、幸福与安稳的日子。

鱼儿流下的眼泪是悄无声息的,没有人会知道,因为它的眼泪只有水知道,鱼儿离开了水会失去生命,而水离开了鱼儿却少了生气,最后鱼儿离不开水,水也不能没有鱼儿,它们相互依偎,温暖彼此,懂得珍惜。

不是所有的女人都有着沐鱼姑娘那般的幸运与幸福,也不是所有的女人都会重拾那段美好而又一去不复返的爱情。

在一起的人可以很多,能一起一辈子白头走下去的人却很少,情侣的分分合合如同天下之势,分久必合,合久必分,这是大势所趋。只是当我们在一起的时候,请珍惜彼此,爱护彼此,珍惜那段王子愿意为公主擦去眼泪的时光,因为懂得珍惜,所以才能拥有。

第二辑
太多人有太好的演技，却不知道是在演戏

看见山时，你在山之外，看见河流时，你在河之外，如果你能观照你的痛，你便开始自痛中解脱。　如果夜太凉，你可以焚香，煮茶，或者思念，总有一种暖。挂满你我回忆的老墙，不要去倚靠，会有时光剥落。

不要亏待每一份热情,不要讨好任何冷漠

花底淤青

少年,你要牢牢地记住,这生生世世,不要亏待每一份热情,不要讨好任何冷漠,不要向命运俯首称臣。

当我陷在情感瓶颈之中,纠葛这世间到底什么是真感情、什么是假情假意的时候,几番提笔忘字,我忽然想到一个和威尼斯结缘的女孩,那冰与火的世界,栩栩展开。

威尼斯晶莹透蓝的海水正在结冰,纯白色薄冰如破碎的瓷瓶,丝丝缕缕蔓延整座城。她站在三百七十八座桥中之一,给他发越洋的简讯:海水开始结冰,像爱情一样。

然后,她看见他的回复:冰会融化,冻结的爱情难遇春风。

彼时的她,是深海里的一粒珍珠,宝石中的一块翡翠,美丽、孤傲,只能仰望,不可触及。追求她的人极多,但她不为所动,高贵得像只孔雀。

那个时候,她常说世上哪有爱情,多少显得不食人间烟火,也寂寥着。

而此时,她裹着一件深褐色的大衣,站在寒风中,望着透明

犹如童话世界的威尼斯，想起来那个站在盛夏树下、笑起来明媚如阳光的白净少年。

仿佛已经从她的生命中消失，又仿佛未曾忘记。她笑着揉揉发涩的眼睛，忽然想到，或许爱情曾经很近。

每当我在素白的纸上描述她的故事，我总觉得她一定不会同意。她一定会说，你不要写我，我辜负了一段热情。

她常常被我叫作"冷漠小姐"，以至于我手机中对她的所有备注都是这个。而冷漠小姐的热情少年，那位追了她八年的仁兄，于四个月前给她寄来烫金的新婚请柬，殷红的纸张触目惊心，毫无预兆地出现在她面前，让原先迷茫度日的她，瞬间就清醒了。

冷漠小姐与热情少年在十五岁时相识，勉强算得上是青梅竹马。可是，直至冷漠小姐读大学的时候，才与热情少年在一起，只是在一起。虽然名义上不是恋爱关系，但我们都心知肚明，因为热情少年自小便对她关爱有加。那段日子里，冷漠小姐并不是非常冷漠，而我就像个大功率的电灯泡将他们照得通亮，他们倒是不介意，总喜欢合起伙来欺负单身的我。

后来，两人四散开来，冷漠小姐留在南方，热情少年一路北上，两人相距万里，隔山隔水。其实一开始，热情少年是准备与冷漠小姐去同一地域的，但冷漠小姐在报考志愿的事情上骗了他。

原因是热情少年试图与冷漠小姐走上恋爱轨道，而冷漠小姐喜欢被捧在手心上的感觉。她总跟我说，有些东西一旦得到了，就不会珍惜。以至于我至今清晰记得她口中这个"道理"，也了解不是所有看上去像心灵鸡汤的文字都是心灵鸡汤。

那时候，我们三人都在江南。在江南地域生活的人，总是性子沉闷一些，话不愿挑明来说。于是，原本该在一起的人，却因一个冷漠、一个热情而迫不得已分开。

因为年幼，又怕伤害，所以他们就那么刻意地错开了。

可故事怎会轻易结束？

即使相隔万水千山，热情少年总是远远地给她写信、寄包裹，整整三年下来，一份节日礼物也没有缺过。我一度以为热情少年是个在恋爱上盲目且败家的男人，可后来我才知道，那些给冷漠小姐买礼物的钱，全是他帮别人做设计图纸赚来的。

大学三年，一眨眼就过去了。我毕业后两年，也就是他们相识的第八年，再见到冷漠小姐时，是在机场。那时候我们三个都在浙江，她突然打电话叫我去给她送行，等我马不停蹄地赶过去后，却看见了热情少年在和她分手。

我只记得一句话，热情少年对她说："八年，抗战都胜利了，而我还没等到一个结果。"

说完，热情少年就这样毫不留情地转身走了，留下一个帅气潇洒的背影，和一个我安慰许久也没丁点儿用的泪人。

其实，这件事确实得怪冷漠小姐。热情少年与她兜兜转转八年，倾尽心血为她着想，而她只将人家对她的好当作习惯，总是说,等等,再等等,我想找到一个让我义无反顾的人。

我猜她苦情剧看得太多,总想试验人心。可是并不是所有人都有天赋去演戏。

这世上哪有什么义无反顾,只有热情与冷漠。我喜欢你,我便对你热情,将我所能有的一切全部给予你,你尽可以去挥霍,而我心甘情愿被你浪费;但如果我不喜欢你,你就是普普通通一个人,擦肩而过也不会回头。

我还是安慰她说,人事易分,去留无意。

这回,冷漠小姐倒是自己想明白了,这八年来,即便是个镇纸也给焐热了,何况是人心? 只是她偏偏像是没心没肺般,对他的好不屑一顾。如今又想怪罪于他的半途而废,未免太过自私。

可是,自始至终,她都未曾问过自己到底爱不爱他。我觉得这才是她真正的冷漠。

这样的结局是必然,有些事情一旦错过,便很难再回头。她依旧踏上了飞往威尼斯的飞机,满目绝望和义无反顾,而我静静地回忆从前的事情。

她走后,我找到热情少年。仔细看,他已是少年过渡到青年男子的模样,碎发遮住额前,衬衫干净整洁。不知怎么的,我总觉得他们就应该在一起,心里期望再见到冷漠小姐与热情少年手挽手的情景。

热情少年说,他曾想过许多次放弃,人生嘛,总有舍不得和舍得的对峙,其实不是他舍得,从冷漠小姐踏上飞机的那一刻起,就是她太舍得。

热情与冷漠永远擦不出火花,就像冰块和火,硬生生地凑在一起只会要了谁的命。好的感情该是火与炭,烧得红彤彤,火星四溅,足够暖很久很久。

冷漠小姐在很久以后收到他越洋寄来的请柬,一个飞机直接奔回国内,我一直认为,凭借那个速度来判断,她绝对是回来抢亲的。

幸而事情没那么糟糕,既没有发生狗血的抢亲戏码,也没有苦情剧中的含泪参加婚礼。那一天如梦里花落,有留兰香的沁甜。不知冷漠小姐的这份悸动,是不是爱。

有时候,错过是必然的,遇见也是必然的。

见面后,她看见脸庞消瘦、鼻梁高挺的热情少年眼里闪动着异样的色彩。她想要冲他笑,却不争气地哭出来。

"哭什么哭,你看,你还不是来了!"他看着她,眼里洋溢着浓浓的笑意,紧接着给她一个又大又温暖的拥抱。

冷漠小姐在报考志愿的事情上欺骗了热情少年,热情少年便用喜气洋洋的婚礼请柬骗了她一回。再后来也算不上骗,他确实结婚了,对象就是冷漠小姐,哦不,她已经是热情小姐。

结婚后,我经常见到热情小姐,听她说,那次乘飞机回国是她这辈子最受折磨的旅程。可如今的她看起来可爱而新鲜,而生活中的一切都像是薄荷叶的味道,淡淡邈远,拥有山高水长的安然与清新。

满天繁星的夜晚，热情小姐和热情少年吃冰镇西瓜，喝酸甜的自酿米酒，讨论着小日子的细枝末节。一切温柔如云，时光仿佛静止在这一刻。他们奢侈地浪费时间，可是想一想，一点一滴都无比珍贵。

这一切都好在热情少年的热情上，他说，他愿意等她，等到她学会爱的那一天。当初的她唯唯诺诺，仿佛爱情就是背叛，触碰就会糜烂。但幸好有他陪她，不至于太孤独。

八年的拉锯战终于这样结束了，热情小姐获得从未有过的轻松，曾经胸口压抑的生疼，此刻烟消云散。

后来的某一天，热情小姐告诉我，她在《世界地理》杂志上看见过这样一句话——威尼斯是全世界最晶莹的童话。

传说中的水城没有让人失望。那里有成片成片的湖海，各式各样的标志性小桥凌驾其上。热情小姐与热情少年的蜜月就在威尼斯度过。他们去看了古老的叹息桥，和可爱的鸽子群拍照，乘坐名叫"贡多拉"的小船游遍威尼斯。湛蓝得几近透明的天空让人情不自禁地愉悦，天空之下，就是童话的城堡。

热情小姐忽然明白，有一些事情真要亲自尝试过，真正伸出手做一个勇士，才知道滋味如何。她笃定的不爱，也不过是自欺欺人。此刻，踏实而厚重的温暖，才是她真正想要的。

少年，你要牢牢地记住，这生生世世，不要亏待每一份热情，不要讨好任何冷漠，不要向命运俯首称臣。

伤口是别人给予的耻辱,自己坚持的幻觉

红素清

很多时候我们都以为伤口是别人给予自己的耻辱,殊不知那只是自己坚持的幻觉。

不信,你和我一起来看看"伤"这个字。它的左边是一个人,一个可以给你伤口的人,虽然它是组成这个字必不可少的部分,但所占的位置却极其有限;它的右上方则是:正看像个盖子,侧看像个人。其实仔细想想,那不正是我们给自己盖的虚拟盖子吗?它虽然很小却很顽固,只有深藏在下面的"力"足够强大,才能冲破那层虚拟的盖子,展翅高飞。

扎西拉姆多多在《喃喃》一书中有这样一段令我印象深刻的话语,它是这样写的:"有人尖刻的嘲讽你,你马上尖酸的回敬他。有人毫无理由的看不起你,你马上轻蔑的鄙视他。有人在你面前大肆炫耀,你马上加倍证明你更厉害。有人对你冷漠,你马上对他冷淡疏远。看,你讨厌的那些人,轻易就把你变成你自己最讨厌的那种样子。这才是'敌人'对你最大的伤害。"

以前我一直不大明白为什么这个世界上会有那么多人,一边细数着自己最讨厌的那类人的特质一边又在生活的舞台上扮

演着那些人，将他们的特质演绎得淋漓尽致。

现在看着身边哭得一塌糊涂的月月，我终于找到了原因。

每一个见过月月的人都会用可爱来形容她，而月月也非常对得起这两个字，从外貌到性格，处处都彰显可爱。

可爱的姑娘往往很容易被人疼爱，这句话在月月身上得到了验证。当刚入大学的我们还在篮球场上为了能够近距离看清帅哥面孔而挤得满头大汗时，月月已经轻松地将水递到了帅哥的手上。

帅哥说，像月月这么可爱的姑娘就应该躺在那里做睡美人，所有的凡间俗事、人间烟火都应该有人为她遮挡，后来帅哥便成了那个人。

帅哥对月月很好，他给了睡美人最舒适的床让她躺着，我们都羡慕月月。

可是睡美人总会醒来，月月的睡美人生涯结束在她和帅哥结婚后的第二年，帅哥以月月除了可爱外什么都不会为理由提出离婚，月月接近疯狂地伤心了一个月，然后重新振作起来，她说今后要让我们看到一个不一样的月月，那个月月一定和可爱这两个字彻底划清界限。

对于专业技能一般，又没有任何工作经验的月月来说，想找到一份体面的工作就必须先要充电学习，作为闺密的我几乎动用了所有的人际关系，帮她找来了一些精品的学习秘籍，不想她拒之门外，她说她要像马家庄的马苏一样，活得独立又漂亮。

于是，我只能眼睁睁地看着她没日没夜地到处为找学习资料奔波。

一周下来，再见月月，她的脸已经瘦了一圈，眼袋极重，原本散落在肩头的小波浪打了好几个结，头顶一根根细小的毛发盘在一起，整个人看起来糟糕极了。

我突然不知道该怎样和她说话，脑子里浮现的是当初我们肩并肩走在路上的画面，那个时候我们经常在校园里遇到因为失恋哭得死去活来将自己糟蹋得一塌糊涂的女孩，她总是叹着气说："我最讨厌这种女孩，因为一个男人把自己折磨成这样值得吗？"

我人跟在月月的身后，可是思绪已经穿越时空飞到以前，直到月月尖锐的声音响起："是谁不长眼啊，这么多人，谁让你把鞋子放这里啊？"

原来是月月试鞋子的时候不小心踩到了人家脱下的鞋子，我看着那个抱着孩子的阿姨，赶忙上前赔礼道歉。再回头，月月已经没了踪影。

我记得以前的月月最讨厌那种斤斤计较、得理不饶人的人；以前月月的声音是可爱的，我从未听到过她对别人大吼大叫；以前发生矛盾，她总是主动和解，哪怕有错的是对方；以前月月的口袋里总是装着糖，遇到小孩子就给一颗，以前……我不知道以前的月月怎么突然就不见了。

看着最好的朋友一点点变成彼此曾经讨厌过的人是一件很痛苦的事。回去之后,我没有再主动去找月月,我想好好想个法子让她变回以前那个可爱的月月。

我没有想到月月会在两周后主动上门找我,那时她哭得像个泪人儿,睫毛膏的黑混着唇膏的紫在泪水的蹂躏下模糊成一团,像极了一个跳梁小丑,她看到我一把将我抱住,说她面试失败了,而且在离开那个公司的时候还遇到了那个帅哥。

月月委屈地哭了好一阵子,不停地抱怨。她说老天爷对她不公,她说她是真心实意想做那个独立漂亮的马家庄庄主,她说帅哥在她的身上抛了一个洞,洞里面装的全部都是耻辱,她说她讨厌以前那个自己,因为以前的一切都是帅哥给予她的耻辱……

月月说了很多,虽然毫无条理,但我还是听懂了,我终于明白以前的月月为什么突然就不见了,也明白为什么这个世界上会有那么多人,一边细数着自己最讨厌的那类人的特质一边又在生活的舞台上扮演着那些人,将他们的特质演绎得淋漓尽致了。

原来一切都是因为伤啊!

我想月月一定不知道伤她的那个帅哥在给了她一刀之后已经和她彻底没有关系了,所以她才丢掉自己,围着那个伤口乱转,结果伤口越来越大。

爱情是个很奇妙的东西,我告诉月月帅哥和她离婚可能仅仅是因为没有了爱情或者是爱上了别人,但绝对不是因为以前的月月不好。以前的月月大家都喜欢,我希望月月可以听明白我的话,重新拾起可爱这两个字。

马家庄的故事,我相信大家都不陌生。我想那时不太出名、一无所有的马苏在与大满贯的孔令辉分手的那一瞬间,她心里一定也特别愤怒。可是我也相信那个姑娘在一个人默默努力付出奋斗的时候想的一定不是这份愤怒。聪慧如她,一定知道花儿的盛开是需要阳光的浇灌。若非内心充满阳光,充满爱,我们一定看不到今日那个自信满满的马家庄庄主。

人生路漫漫,爱情也好,友情也罢,谁的身上不会因为它们留下几道伤口呢?我们可以认为每一道伤口都是别人给予我们的耻辱,可是我们绝对不能因为那几道伤口就轻易否定自己。受伤时,我们要做的是尽力包扎好伤口前行,而不是将伤口无限放大后退。

很多时候我们都以为伤口是别人给予自己的耻辱,殊不知那只是自己坚持的幻觉。

不信,你和我一起来看看"伤"这个字。它的左边是一个人,一个可以给你伤口的人,虽然它是组成这个字必不可少的部分,但所占的位置却极其有限;它的右上方则是:正看像个盖子,侧看像个人。其实仔细想想,那不正是我们给自己盖的虚拟盖子吗? 它虽然很小却很顽固,只有深藏在下面的"力"足够强大,才能冲破那层虚拟的盖子,展翅高飞。

在扎西拉姆多多的《喃喃》中,还有一段令我印象深刻的话,我现在把它送给亲爱的你,"看见山时,你在山之外,看见河流时,你在河之外,如果你能观照你的痛,你便开始自痛中解脱。如果夜太凉,你可以焚香,煮茶,或者思念,总有一种暖。 挂满你我回忆的老墙,不要去倚靠,会有时光剥落。"

比贪婪更可怕的,是不知道自己想要什么

红素清

其实在现实的生活中,善良就像是我们卷子上最后的那道附加题,做好它,是尖子生,做不好它,却不一定是差生。

善良那么美好,它没有败给贪婪。只是比贪婪更可怕的,是不知道自己想要什么同,没有努力的方向。

1

我正端着酒杯对苏苏说"祝你幸福"的时候,手机震动了一下。

我打开手机,是小宁发来的信息:善良终究还是败给了贪婪!

苏苏结婚的对象是和小宁恋爱了六年的杨洋,我们怕小宁伤心,都刻意瞒着她,没想到她还是知道了。

我微微叹了一口气:"是啊,为什么善良的你会输给贪婪的苏苏?"

小宁是我的邻家小妹,当多年前的我们戴着红领巾一起去看望孤儿院的孩子,她泪流满面地将自己所用的零花钱拿出来给那些小朋友时,我就一边因为我偷偷藏下买糖果的钱而内疚一边发自心底地感慨:小宁真是一个善良的女孩。

初中时，小宁的善良已经散发到了学校的每个角落，老师说她应该是观世音菩萨转世，将来一定会很幸福。

那个时候我们都坚信老师说的话，我们并不知道善良和幸福只是存在于这个世界上的两个独立星球，它们其实并没有多大的联系。

其实在现实的生活中，善良就像是我们卷子上最后的那道附加题，做好它，是尖子生，可做不好它，却不一定是差生。

2

高中时，苏苏从外校转来，因为长得漂亮，她很快代替了小宁，成为校园的风云人物。她的位子上每天都堆满了男生送来的礼物，而她常常将礼物送给我们，不管多么贵重。

苏苏因此被封了"女神"的称号。

苏苏告诉我们她不想做什么校园女神，不能当饭吃，她想去重点班，因为到了重点班才有机会考上她理想的大学，于是她很努力去学习。

那个时候有人开玩笑说："苏苏，听说某男的老爸是专管重点班的，凭着你的美貌去找一找他，说不定还是有希望的！"

第二天，我们看到苏苏在翻那些她平时一眼都不看的告白信，我们没有想到她真的去找了某男帮忙，据说进了重点班之后，她再也没有理过某男。

之后我们不再叫苏苏女神，取而代之的是贪婪、自私、势利。

那个时候的我们正是眼睛里容不下一粒沙子的年纪,于是我们高举着善良和公平的旗帜开始对苏苏做一些不善良、不公平的语言攻击。

迈克在《狐狸尾巴》里写了这样一段话:"活了几十年,回头一望有谁不是满目疮痍?十八岁应该穿火红的衬衫穿了墨绿的T恤,二十三岁应该喝加冰可乐喝了加浓奶茶,二十八岁应该点头偏偏摇头,三十二岁应该事业加盐加醋可是错手倒进了蜂蜜,三十六岁应该左转身不由己却往右发展⋯⋯"我想苏苏一定早就读过这段话,不然她怎么会在我们穿墨绿的T恤时穿了火红的衬衫,在我们摇着价值观大旗的时候贪婪自私地向她想要的生活一步步靠近呢?

3

这个世界上没有人是完美的。自私和贪婪未必就是坏的。

只是你抛弃善良就无法享受善良带给你的喜悦。

你自私贪婪就要吞掉它赐予你的恶果。

我想小宁说这些话的时候,一定不会明白:善良带来的不一定全是喜悦,贪婪赐予的也不一定都是恶果。

高考时,苏苏坐在小宁的后面,苏苏有一道大题不会做,她碰了碰小宁,示意小宁将答案写给她。善良的小宁因为给苏苏写答案导致自己的题没有做完,小宁哭了好几个小时,而苏苏连句"对不起"也没有就消失得无影无踪了。

小宁上了一个不入流的大学,却没有想到会在那里遇到苏苏,原来苏苏的答题卡涂错位了,她又不想复读,所以就来了这里。

　　大学里,苏苏依然没有变,她可以半夜挑灯看书不顾那些对灯光敏感而睡不着觉的人，但决不允许有人在她看书时大声喧哗；她可以在需要你时不管你的死活把你拉到她的身边,但是绝不会因为你的火烧眉毛耽误一小时洗头发的时间；她可以因为男朋友买不起一件她喜欢的首饰和对方分手，但绝对不会花一点钱在对方身上。

　　因为这种性格,苏苏的身边没有一个朋友,除了善良的小宁。

4

　　大二那年,小宁恋爱了,男孩叫杨洋,长得格外阳光,很讨人喜欢。

　　小宁问杨洋:"你喜欢我什么啊？"

　　"善良！"杨洋说他从来没有见过小宁这么善良的人。

　　小宁为杨洋做了很多的事:洗衣服、送早餐……她几乎把自己的每分每秒都花在了对方身上。

　　苏苏说:"你应该多花一些时间和精力在自己身上，不然将来的生活怎么过！"

　　小宁轻笑,她说她没有那么贪婪,将来的生活有杨洋在身边就好。

　　女人千万不要太天真,当男人什么都没有的时候说喜欢你的善良也许很靠谱，可是有一天他们功成名就什么都有的时候，你也需要配得上他的名誉地位，那个时候仅仅善良是不行的。

快毕业的时候，苏苏再一次恋爱了，男孩很有钱，有房有车还有一个上市公司。

杨洋为找工作愁得焦头烂额时，小宁求苏苏给杨洋介绍一份工作。

苏苏将杨洋介绍给男友认识，可是杨洋才进公司不到一个月，苏苏就因为一个官二代和男友分手了，据说原因是官二代可以将她送到那个她曾经梦寐以求的大学硕博连读。

人走茶凉，被赶出来的杨洋决定自己创业，小宁全力支持。

5

后来杨洋的公司做大了，需要再招聘一个公关经理，人事专员从上百个简历中挑选了一个拿给杨洋看，那份简历是苏苏的。

苏苏顺利通过面试，留在了杨洋的公司，事情的发展就像很多狗血剧一样，在无数次的接触中杨洋爱上了苏苏，他给了小宁一张很大的支票，说了一句"对不起"后离开了小宁。

走的时候小宁觉得杨洋一定会回来，因为她知道苏苏是个贪婪的人，有一天杨洋给不了对方想要的时，苏苏就会离开他。

可是小宁没有想到贪婪的人也会有满足的一天，也会因为爱情发生改变。她等了很多年，等来的却是杨洋和苏苏的婚礼。

6

苏苏探过头来,我吓了一跳,她轻轻一笑:"其实我知道,我是个坏女孩,更是个自私贪婪的人,但是甭管什么人都有自己想要的生活,更有权力去追求!我很贪婪,想要的很多,但是我的追求方式与你们不同, 不过不管是谁的追求方式, 只要不违法犯罪,又有什么关系! 不过现在我想要的都得到了,包括可以让我为之放弃一切的真爱,我会好好珍惜的!"

我突然又想到那个善良的小宁,她从来没有拒绝过别人,但是却也从未要求过人,她总是在掌声后面默默奉献,不知道她有没有自己的追求,知不知道自己想要什么。

今天的杨洋穿着一身西装,阳光依旧,只是没了那时的青涩。他说:"我曾经认识过一个女孩,她是那么善良,善良到没有一点自己的生活,我和她在一起六年,她从来没有说过她想要什么!"

善良那么美好,它没有败给贪婪。只是比贪婪还可怕的,是不知道自己想要什么,没有努力的方向。

前段时间,朋友圈里有一段话转得非常火热:愿你有高跟鞋也有跑鞋,喝茶也喝酒。愿你有勇敢的朋友,有牛逼的对手。愿你对过往的一切情深义重,但从不回头。愿你特别美丽,特别平静,特别凶狠,也特别温柔。

而我想对小宁说,愿善良的你能知道你自己想要的是什么。

我们的生命里,藏着曾经吃过的苦

花底淤青

人生总要经历伤痛,伤痛是快乐的源泉。快乐唱红脸,伤痛唱白脸,唯有你懂得这二者都是人生的必需品,方才足够理解它们、理解自己、理解世界。最终,我们与世界和解,与身上背负的痛楚握手。

我住在凤凰的青旅已经半月有余,将沈从文的《边城》重读一遍,接着四处游荡着寻找灵感。从沱江一路北行,到沈从文故居拍照,又去北门城楼观赏清晨光景,在山江苗寨瞧见窝在山水怀中的吊脚楼,就着夕阳喝了杯地域风情十足的茶饮,感觉无限好。

最后,回到青旅里休息。青旅的老板是个很好说话的女人,我欠了两天房租,她摆一摆手说:"姑娘独自出来也不容易,不必急着付租金。"

旅客们叫老板"鹃子",她常年盘着低平的发髻,穿着过膝的棉麻旗袍,背后有一朵手绘莲花,如果再撑一把油纸伞,就像极了戴望舒笔下的丁香姑娘。她耳朵上有隐隐约约的小孔,不过没戴任何耳饰,脖子上系一块细红绳青玉,看起来仿佛不过二十八,实际上她已经三十五岁。

快到旅游旺季了,人多起来,总是热闹得很。鹃子笑盈盈地裹上围裙,将干净的袖子挽起来,端着大盘的血粑鸭、酸汤鱼。夜晚的星空分外明亮,鹃子和游客在青旅外的青石板上摆着大圆木桌,然后凑合着一块儿吃晚饭,几个厚重的绘青花瓷盆盛着嫩白的米粒。

我很喜欢这样的女子,温婉又不失干练,骨子里藏着细嚼慢咽的韵味,瞧起来就如凤凰古城一样温暖。

旅客们围成一圈,在长木凳上坐下,举着筷子八卦鹃子:"这家青旅是父辈留下来的吗？真好,待在这里的人掩不住书卷气息！"

鹃子腼腆地笑笑,给他们一人盛一大碗米饭和鲜菜汤,徐徐道:"我十年前把这里买下来了,丈夫没了后,就一直做旅舍了。"

旅客之间发出一阵唏嘘,像是可惜一位美好的菩萨挨在破庙里。

我的蓝布裙子和她的旗袍颜色很搭,当她端着碗递到我面前,伴着满天繁星,她的眼眸始终亮晶晶。我谢着接过碗筷,瞧着碗上细碎花纹丝丝缕缕地氤散,忍不住问:"这些年可还好过？"

鹃子一愣,舀汤的手慢了一秒:"哪有什么好过不好过,日子不都是凑合着过下去的？要不然,太阳也懒得从东方升起了。"她虽这般说着,神情还是微微黯淡一些。

有人问:"老板不想找个人一起过日子? 女人家不容易,寻个依靠也轻松些。"

鹃子摇摇头:"我和丈夫感情深,而且我一个人挺好的。"

等夜半,桌子上零散地摆放着的啤酒瓶,她一人默默收拾,披星戴月,像一朵半夜开放的昙花。我正好睡不着,也没什么事情,于是过去帮忙。鹃子瞧见我,推辞了一会儿,见我不愿离开,也就默许了。

闲谈两三句后才知道,鹃子原本是从小乡镇内走出来的人,天没亮就去耕地,挑水过着风尘仆仆的农民日子。后来,她在凤凰城与一个不出名的诗人结婚,可惜那男人恰好得了肺癌,孩子还没生出来,人就没了。她涩涩地说:"这么多年,我都不觉得我命苦,他走的那一刻,我才尝到了什么是心酸的滋味。"

我不会劝慰,只回报忧伤的神色,鹃子的肩头盛着暑气与夜凉,看起来很重,很重。

鹃子将碗筷统统放进一个深深的大木桶里,发出哗啦啦的碰瓷声。我正在一旁洗手,她忽然朝我笑道:"像你这样也挺好,自由地走走看看,我还得待在凤凰城里度过余生,和岁月同老。"

或许因为她的丈夫是诗人,所以她连说话也尽透诗意。

我拍拍她的肩:"如果你想走,早就走了。你想留下,才留下的。行走不一定是自由,但能随自己所想而留下,才是自由。"

鹃子一笑,不置可否,只是动作更灵活一些,脚步也是微微跳跃着："别人都想到凤凰来，其实凤凰我都待腻了！不过，我每次踏在青石板上，那些青苔里有我和过去的回忆，真美，不想离弃。"

我望着她，星空下的青旅浩渺如烟，似乎倾泻着潺潺流水声。她的眼中有伤、有痛，还有不知名的喜悦，像看尽风尘后的智者。

我将一块洗干净的抹布递给她，问道："你一个女人，怎么能撑着这么久？"

她用力地擦拭桌角，丝毫不像面儿上那般柔弱，嘴角含着不变的笑容："呵，生活就是这样子。它不会问你是不是女人，也不会问你苦不苦、累不累，它只让你尝尽上半生的苦难，再给你下半生的安稳。我不感激生活施舍的幸福，也不埋怨它予我的苦难。"

她这一句话让我记好久，至今难忘。

凤凰、星光、青旅、鹃子。

这些景象在我心头刻下永恒的画卷，清清淡淡的，如一盘凉拌苦瓜，撒些冰糖粒子，又苦又甜。

终有一天，我从凤凰回到本来所属的城市，花了一天半。一路上，我都在留恋凤凰光景和鹃子的话。随手翻一翻《边城》，看见里面写着：日子平平的过了一个月，一切人心上的病痛，似乎皆在那份长长的白日下医治好了。

回到家中，母亲再次犯了心血管病，要动个小手术，我再不敢过着随意离家的生活。

父亲照顾不来，我便顶上去。除了白天朝八晚六地上班，其余时间都窝在病房里陪伴母亲。一星期不至，我的旧疾因劳碌过度引发，脑袋疼得几乎要裂开了，眼前总是迷糊糊的一片，太阳穴突突地跳动，到半夜也不得安生。

每日在疼痛中睡着，在疼痛中醒来，恶性循环，周而复始。最煎熬的是，当母亲半夜醒来时，我总是醒着的，她与我说话，我不能也不敢说出来，忍着疼痛，笑着说："没事，我挺好的，你快睡吧。"

疼到想打滚不能打滚，疼到无法哭泣，疼到恨不得把脑袋搬下来。

人生就是这样不留情面，我多想跟它求饶，可是它闻所未闻。当我们忍无可忍，只能继续再忍。

母亲的病终于安稳，我一心扑在工作上，整个月糟糕的气氛散去，大大小小的文件却堆叠着占满我的办公桌。

因为离职半月，加之母亲重病，我几乎难以将工作与家庭两头兼顾。现在，我有条不紊地处理一件件事情，无论它是不是乱得像个被打散的毛线球，我都能静下来梳理，如富有强大运行能力的机器。

有时候想一想，这真是鹃子的功劳。每当觉得撑不下去的时候，她的话就回响在耳边，如鼓如雷彻耳：我不感激生活施舍的幸福，也不埋怨它予我的苦难。

不知这是多么理性而又宽容的人，才能放下在生命里吃过的苦头。那些伤痛真的医好了吗？或许，它只是永久陪伴着我们，用伤疤提醒着我们，多经历一道伤，少感受一次痛。

当我忙完所有的事情，忽然想到曾经的点点滴滴，我恍然发现，正是曾经经历的苦痛造就了如今的我。如果没有它们，可能没有如今的我。那些细密的伤口紧贴我的身骨，闪闪发光。

人生总要经历伤痛，伤痛是快乐的源泉。快乐唱红脸，伤痛唱白脸，唯有你懂得这二者都是人生的必需品，方才足够理解它们、理解自己、理解世界。最终，我们与世界和解，与身上背负的痛楚握手。

风起云涌，春季花雨之间也夹杂着细碎草末，那是它的瑕疵，正因为有瑕疵，花雨才如此欣慰，因为它更加亲近泥土，包容了万物间的尘埃。

伤痛说：我听到你真挚的祈愿，为了让你成为你所希望的模样，才来到这尘世救赎你。

我们站在落英缤纷之下，蓦然回首，可曾见到你的伤痛化身为人，白衣飘飘，一步一莲花朝你走来，牵起你的手，伴你而行？

向阳花永远把阴影留在背后

彼岸花主

向阳花是一种永远追寻自己心中所想，最富有精神的花。想起向阳花，我们的脑海中一定会浮现出那似骄阳一般金黄明丽的美丽花盘。然而，我们只看到了向阳花明媚的一面，却没想到它永远把阴影留在我们看不到的背后。

向阳花，是一个既关于花，又关于阳光的名字。

向阳花的美丽，不仅在于它心向阳光，还在于它倔强守望。今天我要讲的就是一个关于男孩倔强守望的故事。

陆科是一个温雅阳光的男孩。认识他的人，几乎都是这样的评价。他就像是盛开的向阳花，整个人都散发着一种阳光明媚的味道，脸上常常带着笑意，不夸张不做作，自然而然。

遇到陈怡，应该是他的一个劫。

陈怡的美丽，其实不太自然，不知道陆科是没有看出来，还是看出来也并不在意。她的脸上至少整容过五个地方。以前的她不是双眼皮、鼻子很塌、下巴后缩、太阳穴很窄、发际线很乱……大二暑假过来，她就拥有了一张现在所说的"网红脸"，额头饱满、含情媚眼、高鼻梁、俏下巴,美艳不可方物。

陆科是在大二开学后不久遇到陈怡的,只是一面,他就让自己陷入了情网。我曾笑他:"原来你也是一个看脸看身段的男生。"

"陈怡的美丽不在她的脸蛋和身段。"陆科笑意微微地看着我,"有一种感觉我也说不出,可出现在她身上,我觉得很美妙。"

陆科是个暖男,他知冷知热,很会照顾人。

冬天尚未来临时,他已经为陈怡买好了全套的御寒之物。羽绒服、帽子、围巾、手套、靴子、厚袜子以及热水袋,都是时下流行的款式。

他很懂陈怡的心思,也很细心。

陈怡看着这些东西,没有表示过任何态度,收了他的,也收别人的,去见谁就穿或者用谁送的东西。

我替陆科打抱不平,如果不喜欢就干脆明说,不用这样把人当备胎。

陈怡看向我,问:"你怎知道我没有说过?"

后来,我去问陆科,他坦然曾经表白被拒绝。可他在我们面前,一直都是温雅阳光的样子,并不曾见过他悲伤难过,按理说被正追求的女孩子拒绝,不应该是这种状态呀。

"她不接受我,肯定是我做得还不够好,或者某些方面没有达到她的要求。"他笑笑,"她也不必那么着急接受我,毕竟她还没有那么了解我,女孩子想找一个靠谱的男朋友,总要考察一段时间,我们正青春,我会慢慢让她看到我的好。"

他还真会换位思考。

只是,陈怡和其他男孩子来往,他不会不知道,这样的坚持,兴许连个结果也不会有。

大三下学期,陈怡要准备考研,陆科知道后,买了和她一样的复习资料,每天陪着她去自习室。陈怡玩的时间少了,那些曾经要追她的人,时间一久,渐渐就冷了下来。始终如一并温暖如初的只有陆科一个人。

说不感动是假的。虽然两个人都没再说表白的话,可整天出双入对,与情侣无异,陆科脸上的笑容也越来越阳光,每次他跟我说起陈怡,我总能从他的脸上、眼睛里看到欢喜。

考研的结果倒是很出人意料,一心想考研的陈怡以几分之差与四川大学失之交臂,倒是陪考的陆科一路过关斩将竟跻身前3名。

陈怡知道结果的时候很难受,很长一段时间没有给陆科好脸色看。我忍不住又跳出来,说:"考研嘛,基本功是一回事,运气又是一回事,你不能因为陆科考上了你没考上,就这么对他吧?"

"他那么优秀,也许我们根本就不应该在一起。"

"他陪你考研,起早贪黑占位子的时候你怎么不说这些话?两年了,你现在说不应该,可有为他想一想?"

毕业答辩之后,陈怡一声不吭地就走了。陆科知道后,虽然依旧每天和我们嬉闹玩笑，可我知道他的内心是多么焦虑和难过，只是他从不表现出来。他习惯了给人微笑，给人阳光，而他心里的狂风暴雨也永远在表面覆盖着一层阳光。

陆科放弃了川大，我知道消息后痛骂了他一顿："愚蠢，愚爱！陆科你是不是傻了？"

他微微一笑："我不是愚爱，我只是不放心陈怡一个人去外面。"

"在遇到你之前，她去哪里，也没有人陪。"

"遇到我之后，我就不能再让她孤单。"

我气急了，索性不再理他。

他追着陈怡去了苏州，那个有很多园林、山清水秀的地方。他打电话给我说陈怡骂了和我一样的话，我在电话的这一端也能感受到他的喜悦。

爸妈不放心，把我派去苏州，以便时不时提醒、监督陆科。

陈怡去了苏州一家整形医院做客服，因为嘴巴实在能说会道，又亲身体验做过项目，不到两年就升了咨询师，工资翻了不止两倍。

陆科在苏州一家策划公司，因为才华横溢，点子充足，方案完美，不到两年就升了企划经理，工资已然过万。

这期间陆科对陈怡的心思真是半点也没变，她要做整形项目，他从来没有反对，她整形之后不能吃什么，他全部帮她记住。

我嘲笑陆科傻,他总是云淡风轻,温文尔雅,仿佛陈怡什么样子都是好看的,他真的将这个姑娘爱进了骨子里。

　　陈怡喜欢什么,不喜欢什么,他全部都记得。有时候这种宠爱让我都嫉妒得不行,一心想找个像陆科一样阳光、有才、帅气、贴心的男朋友。

　　陈怡瞒着陆科,当然也瞒着我,做了假体丰胸。她借故出差培训,十天都住在那家整形医院里。

　　陈怡活得是越来越自信了,穿衣打扮也越来越讲究了,陆科依旧对她嘘寒问暖,默默守护,只是她显然再次将陆科当成了备胎。在她出去约会被我逮了个正着的时候,我和她大吵了一架,她竟然一怒之下搬出去一个人住了。

　　陆科正常上班,依旧是活泼开朗的那种,从来不说这件事情对他的伤害,他倔强的样子让我以为他并不曾遭受过任何伤害。

　　他下班的时间越来越晚,我问他,他说去看陈怡了。我打他,骂他,跟爸妈告他的状,他都不为所动。

　　他后来干脆不回来了。我杀气腾腾地奔到陈怡那里,找不到人,又奔去了她所在的医院,那家医院的人竟然告诉我他们医院根本没有这个人。

　　这怎么可能,陈怡在这里上班几年,怎么会没有这个人?

　　最初的想法是,陈怡为了避开我们从这里辞职了,更交代这里的同事说如果有人来找,就说没有这个人。可是后来我才知晓,陈怡胸部的假体发生霉变,排异严重,乳腺组织也出了问题,人已经住院了。

我找到医院的时候她脸色苍白地躺在病床上,陆科正在给她倒水,床头柜上放着电脑,我看到他还在做方案。

怪不得这么多天都没有回去,每次通电话都说在陈怡这里,原来竟是在医院陪护,连工作也搬到了这里来做。

陆科似乎没想到我会找来,一瞬间的错愕之后微微一笑:"你来看陈怡了。"

这个时候了,还笑。我眼眶一热,一脚踢到他膝盖上,他也不生气,捂着膝盖咧着嘴笑。

简单问了一些事情,我看到床头柜上摆着几张纸,以为是陆科的文件,随手拿起来看到是起诉书。原来陈怡所在的那家医院在陈怡做丰胸时没有收钱,想让她以后给客人做广告,现在发生了这样的事情,陈怡手上连能证明自己是在那家医院做的丰胸手术的材料都没有,协商未果,陆科就想起诉。

难怪我去找陈怡,那家整形医院的员工竟说根本没有陈怡这个人,原来是要推脱责任。

陈怡的乳腺组织发生了癌变,看她脸蛋来追她的人没有一个再来找过她,始终如一并温暖如初的依然只有陆科一个。

"这下你知道,我哥对你的心思了吧?"

陈怡只哭不说话,哭得我心慌。陆科一边忙工作,一边忙起诉的事情,还要照顾陈怡,那段时间人瘦了一大圈。幸好后来陈怡的同事出来证明陈怡的确是在那家整形医院做的丰胸手术,那家医院担心真的被告上法庭会影响名声同意给出赔偿。

陆科不同意,不同意任何协商结果,依旧坚持起诉。

陈怡不明白,可是我明白。他不允许自己伤害陈怡,更不允许别人伤害陈怡。

后来,陈怡嫁给陆科的时候,跟我说,陆科一直都是她记忆中那个最阳光明媚的青年。

这一生,我们都希望能遇到一个人,白首不相离。可你知道吗,最美的柔情从来都不是华丽辞藻的堆砌,这世上没有一个完人,每个人都多多少少有缺点,爱你的人,会爱你的全部。

陆科说,喜欢一个人就常常想着她的好,这样才不会变心。

你如果不是向阳花一样的人,做不到时刻把温暖和微笑带给别人,也没关系,没有人应该对别人好,但我仍旧喜欢陆科这样的人,他带给我们的始终都是正能量,那种恰到好处,没有半点做作的阳光,让人感觉舒适。

那些总是很虚伪的人

亭后西栗

我们穿厚厚的衣服，身体就不会冷，我们穿层层的伪装，心就不会受伤。那么你的虚伪，到底是种自我保护，还是在痛苦过后，为内心的虚弱，覆上自我安慰的微笑？

我们公司新来了一个姑娘，年轻漂亮，声音和笑容一样甜，于是，她上班还不到一周，我们企划部的门槛就被单身同事踏破了。

姑娘有个好听的名字，叫何叶，更难得的是，何叶姑娘确实人如其名，她就像池中花下平铺开的叶片，温顺而亲切，见了领导有礼貌，和同事之间表现得也亲密得体，总之，她是一个看起来近乎完美的姑娘。

很快，人事部的帅哥追到了何叶，后来，又是运营部的才子，再接着，又轮到企划部的暖男，何叶更换男友的速度，比八卦的速度还要快上一步。

大约单身的漂亮女孩总会惹来猜疑和非议，尤其是在何叶换了四个同事男友之后，大家对她的议论已经逐渐从背地转向当面，就像荷花的长茎，带着水下的淤泥，被人猛地提起来，露出水面。

我听闻他们说何叶太假,说何叶玩弄他们的感情,但何叶依然每天笑着,虽然她的眼神变得越发寂寥。

终于有一天,何叶在午间休息时追上我,跟着我穿过大堂和写字楼的转门。

"可以一起吃顿饭吗?"她试探着问。

我起先迟疑了一下,又转念想起自己同样也是女人,便点点头同意了。接着,我看到何叶脸上再次浮现起熟悉的笑容,那副被整个公司的人所诟病的笑容。

当我们在餐厅一个靠窗的桌旁坐下后,何叶已经没有了笑容,脸上落寞的神情,和她的目光无比协调,而我忽然敏锐地意识到,她身上一定发生过令她不愿去回想的故事。

"姐,你结婚了吗?"这是何叶开口问出的第一句话。

我沉默地摇摇头,我向来不喜欢别人问起这件事。

"那你为什么要把戒指戴在那里?"她一边问,一边指了指我的手。

我瞥了一眼左手的无名指,淡淡地笑着反问:"你找我出来吃饭,不会就是想问这个吧?"

何叶埋头看着菜单,没有回答我。我忽然觉得有些烦躁,似乎是被人窥见了心里的隐秘,我开始后悔坐在这里,像个傻瓜一样被一个比我年轻比我漂亮的姑娘观察揣摩。

正当我在心里盘算着该如何体面地马上离开时，何叶却开始了自己的故事。

何叶的美貌，让她在学生时代就不断收到情书和礼物，可是，她最后却没有接受任何一个男生的花束，而是在"小女初长成"时，早早地爱上了一个有妇之夫。

在何叶的讲述中，那个男人是成功的，无论是在事业上、家庭上，还是作为男子汉的责任感和正义感，而何叶在他面前，卑微得就像尘埃，那段时间，她爱极了张爱玲，爱极了她的"低到尘埃里"。

可是，张爱玲是多么倔强骄傲的人，才能从尘埃里开出花来，半个世纪之后的何叶，并没有那样的魄力和能力，她如荷叶一样清浅的生命，终究还是无法承受那份过于沉重的爱情，于是，她将花种深埋在年轻的尘埃里，也埋藏了自己怎么也凑不够的勇气。

故事"本该"就这么结束了，可这世上总是徘徊着更多的"不该"。

何叶其实并不是一个真正的小三，但男人的原配妻子，不知从哪里知道了何叶，居然带着阔太太闺密团杀到了何叶之前的公司，大吵大闹一番之后，被何叶的经理恭恭敬敬地请出了大厦。不用说，经理回到办公室，第一件事就是在何叶的辞退文件上签了自己的大名。

何叶抱着零碎的东西回到家后，发现大门上被明晃晃地喷了涂鸦, 整整一扇门, 擦掉了, 第二天还会出现, 第三天也是一样, 就像整整一个世界, 污浊而杂乱。

我不知道何叶是如何度过那段低潮期的, 坐在她对面, 我看着她静静地吃着一盘炒面, 仿佛讲述着别人的故事, 无喜无悲。我忽然明白, 其实现在公司里对她的非议和中伤, 对她而言, 实在算不得什么, 她早已从冰冷的伤痛中爬了出来, 并发誓再也不会沉沦进去。

从这一点上说, 何叶是坚强的, 坚强得近乎残忍, 可我又总觉得, 在她坚硬而从容的外壳之下, 总应该还留下些什么。

"姐, 你有没有过这样的体验, 当失望和消极到一定程度, 人反而变得开朗起来了, 因为很多事变得不那么重要, 看得开, 反而好过些。"

我垂下眼帘, 不知该如何回答她, 我想, 这感觉是不是就像一个从地狱里走过的人, 再看世上, 俨然就是天堂。

"其实那女人也没有错, 看上去她确实有些防患于未然, 可我自己知道, 我是真的动心了, 如果不是她去大闹一场, 谁知道我会不会真的成为第三者。"何叶说着摇摇头, 仿佛在赶走一段久远的回忆, 接着她又笑起来, "所以现在的同事们也是如此, 其实他们说的有道理, 我的虚伪, 还有感情上的不投入⋯⋯"

何叶一口气说完这些, 之后端起茶杯, 狠狠地灌下一口劣质浓茶, 接着, 那声音也变得干涩起来。

"我们穿厚厚的衣服,身体就不会冷,我们穿层层的伪装,心就不会受伤。"

我浑身一震,瞪大眼睛看着她,努力摒弃目光中的怜悯,可是,何叶还是敏感地从我眼中捕捉到了它们,于是她的笑容忽然苦涩起来。

"姐,你敢说,你就是不虚伪的吗？ 你为什么未婚却戴上戒指,之后还要装作对自己的情伤若无其事呢？ "

"不是那样的！ "几乎是条件反射一样,我辩解道。

但何叶似乎并没有在意我的反应, 她还在说着:"那么你的虚伪,到底是种自我保护,还是在痛苦过后,为内心的虚弱,覆上自我安慰的微笑？ "

我们并肩回到公司,就像我们来吃饭时一样,可我的心情却复杂至极。何叶就走在我身边,但我却感到,她像是一步步走在我的心上,我的记忆里,我的整片精神世界,都被她轻而易举地走过了。

在大厦门前,何叶忽然站住,看着我,说:"姐,其实我知道,你和他们不一样,你不仅不参与那些流言蜚语,甚至还在担心我是不是能撑得住吧？ "

她又笑了,在人流交叠的写字楼门口,我终于读懂了她的笑容,甚至在她的笑容里,我看到了自己的脸。

"姐,谢谢你,不过你放心,我会过得很好。"

我想说些什么,但在她的笑容面前,所有的安慰都变得虚弱无力，我茫然看向周围。

身边擦肩而过的人，都有或多或少的虚饰，不同的笑容，不同的心思，却都无一例外地想要掩饰自己的内心，就连站在她面前，很想劝她放开自己的我，又何尝不是如此？

何叶依旧微笑着，不管生活如何看待她，她的笑容，已经不再是一种伪装，而是成为她生命中不可或缺的一部分，不离不弃，相依相守。

直到她离开公司后很久，我还会不断记起她，记起那个中午，她同样虚伪的笑容，还有笑容背后彻底的绝望。

有时我会想象，如果她一直这样笑下去，是不是就无须面对生活的伤害，是不是就不会再痛？又或是，她的每一次笑，都是她的伤痛，向外是阳光，向内是尖刺，如影随形，动一下，就是隐痛。

总有些孤独的人，在世上行走着，他们笑得很美，眼神却游离在时空之外，蜷缩在自己的回忆里，他们用最完美的演技，演绎着快乐的人生，而让苦楚在心底沉睡。

我们相逢的时间太短，而一生太长，苦难太多。我不是圣人，走不进何叶的伪装里，触不到她的内心，也无法将她封闭起来的那个小小的柔弱的自己解救出来，她不愿醒，她只想一直笑下去，我只能站在一旁，看着她披着层层伪装，慢慢走远，而我也转过身，摸摸自己脸上早已无法摘下的面具，轻叹一声，不知是为她，还是为我自己……

陷入困境,也要镇定和从容

希　洛

每个人都陷入过困境,比如不小心溺水,比如生活走到了绝境。只要在困境中,给自己一个希望,然后镇定从容地,努力寻找能把自己拉出困境的树枝,最后你的梦想,一定能变成现实。

"什么是困境? 困境就是把自己的心困在一个死角,自己不愿意走出来。不被生活吓倒,什么情境下都能坚持自己的梦想,世间有什么东西能困住我? "坐在武汉江滩的长椅上,路远看着远方,声音不急不缓。

我当然信他说的话。早在十几年前,坐在他家屋后水塘边的时候,他就对我说过,"我不会让自己一辈子在这里,也不会让自己像爸爸一样,每天在海边风吹雨打。"

那个时候,他上初中,个子小小的,一副营养不良的样子。爸爸已经快五十岁,依然在海边风吹日晒。所有的老师和同学都不看好他的将来:一个农村来的孩子,家境不好,爸妈也不懂什么教育。

只有我对他的将来深信不疑,因为我第一次看到他的周记,就被他稚嫩的笔迹后满满的决心震撼：将来我会做一个白领，到自己喜欢的城市。因为我不想像爸爸一样被海风吹。

初三的时候，很长一段时间没看到路远。打电话过去，他妈妈尖细的嗓音从电话那边传过来："他爸爸生病了。哥哥今年上大学。就不让他读书了。"

转了两趟公交到他家，他正坐在屋后的水塘边，看着远方。他对我说："我一定要上学。我不会让自己一辈子待在这里。我不会让自己像爸爸一样。"

他在家里待了整整两个月，伺候生病的爸爸，帮助妈妈下地干活。我托同村的孩子给他捎去各科练习题，周一就会看到他工整而仔细的答案。他每周都会带周记本过来，很认真地写作文，和他日常的生活。有时会在本子的最后写上：爸爸的病快好了。妈妈会答应我回去上学的。

临近中考一个月的时候，他真的回来了。大家都用怀疑的眼神看他，只有我从他目光中看出了笃定。他依然很安静，坐在班级的角落里，一丝不苟地做冲刺题。

同事在办公室偶尔会议论他，这孩子，大人也没他这么从容呢。爸爸病了，他没有怨言地在家伺候。该帮妈妈做的都做了，妈妈也没有理由不让他来参加考试。可是他学习时间哪来的呢？我不插言，因为这些，只有路远自己知道。我知道的，就是他有着大大的梦想，为了那个梦想，他不会让自己陷在困境里拔不出来。

他的中考成绩出人意料,好得让老师们大跌眼镜。报到前,我带他去一中看环境。看着一中红色的塑胶跑道和大大的操场,他说,将来我一定要在有灯光的球场打球。

可是最终,他还是没有进一中。

因为哥哥在读大学,家里实在没有供他读高中的学费。我想替他交,他拒绝:"我得读三年高中,除了学费还有生活费,我不能一直用你的钱。我打听过了,私立学校,不要学费,有奖学金。我三年高中可以不花钱读下来。"说这话的时候,路远的眼睛望着远方,眼神中,流露出与他的年纪不相称的沧桑。

"你的灯光球场呢?"我忍不住问他。他终于露出一点孩子般的稚气,眼里满是向往:"将来我读大学,一定要到一座有灯光球场,能看到 NBA 现场的城市。学校要是有灯光球场更好。"

他指着他家屋后的水塘问我:"你知道这个水塘通向哪吗?"我摇头。他站起身蹦起来搋了一枝槐花给我:"你地理学得真差,大学不知怎么读的。这个水塘通向渤海,这里的水,都是海水,很咸很苦。"

我打断他的话,诧异地问:"你怎么知道?"他狡黠地笑:"你猜。"我依旧摇头。他揪了朵槐花放在嘴里嚼:"我就知道你想不出来。我小时候掉进去过,差点淹死。你掉进过水里吗?"

我点头。小时候溺水的经历像一场噩梦,现在想起来还浑身发冷,溺水时那种什么都抓不住一直往下沉的绝望,怎么可能忘得了。看着路远的云淡风轻，我怀疑地问："你真的掉进去过？"

"要不然呢？你以为我自己闲得没事去喝水塘里的水玩啊。"他看我怀疑的眼神，嗤笑道，"掉进水里的感觉，像是自己被困在一个黑暗的屋子里，怎么都无法挣脱，一个劲儿地下坠。我说对了吗？"

我点头，想起自己那次溺水，心有余悸，问："最后谁救你上来的？"

"没人救我，我自己爬上来的。"他还是淡淡地看着远方，"爸爸去海边，妈妈去地里，我自己一个人在家。没有人知道我掉进去了。那年我六岁，我害怕极了，可是我不想就这么死掉。我拼命踩水，用手去找能抓的东西。然后，我找到了一根树枝。游泳就是那次学会的。"

我忽然觉得惭愧。这就是人与人的区别吧。我小时候那次溺水，成了我一生的噩梦，以至于到现在，我都不敢去海边玩水。而路远的一次溺水，却让他学会了游泳。

高中三年，他在私立学校一直是最优秀的那个，像他之前向我保证的那样。他拿到的奖学金，不只供他自己吃饭，而且每个月还给哥哥寄一些。偶尔听其他学生说，他过得很自在，别人拼命读书的时候，他居然一个人跑去球场打球。我想起他说过的灯光球场，满心期待。

第一年高考，他考了私立学校第一，想要报考外语学院德语系。我知道小语种分数高，跟他哥哥商量，看看要不要劝他换换专业。他哥哥很笃定地说："不用管他，他想读什么就让他读什么吧。"

提交高考志愿的时候，他给我看，除了那个学校那个专业，他什么都没报。我问他，是因为喜欢德语所以这么坚决？他说："不是德语，是德国。"想起他的远方，我知道，我不可能浇灭他的梦想。

第二年高考，他的成绩很高，可最后依然没录上德语系。我问他选哪个城市，他说，武汉吧，先去看看那里的长江大桥。

武大樱花节，他拍了照片给我看。我问他毕业去哪里，他说还没想，想先去读研。想起他坐在屋后水塘里对我说，"我不会一辈子待在这里，我会让自己去一个能现场看到 NBA 的城市"。

我一直在那所中学过着波澜不惊的生活。梦想离我越来越远。我已经忘记了，自己小时候也曾经说过像路远一样的话。有时在想，也许是我从来没陷入过困境，所以我从小就缺乏路远的斗志。可我知道，所有的解释，只是在为自己找借口而已。

路远发来他的考研成绩时，我正埋在作业堆里大汗淋漓。有时会觉得自己已经到了困境，可是却从来没有像路远一样，镇定从容，努力规划好自己的人生。

同济大学和上海一样，在十几年前的水塘边，只是路远的一个梦。那时的他，像溺水者一样在困境中挣扎，然后，他让自己像在六岁时一样,学会了在生活的罅隙中游泳。

我问他大学毕业想做什么。他说,做汽车设计,将来要设计一款属于自己的汽车。我笑他:"你的梦想怎么总是变来变去的?不是喜欢德语吗,怎么变成了汽车?"他笑我:"你的目光永远那么窄。我想学德语,是因为我喜欢德系汽车。其实当时年纪太小。我即使学了德语,也一样还得学设计。因为设计汽车才是我的梦想。"

他发他设计的汽车外形图给我看,我说我要亲眼看见他设计的汽车。

清明我再去武汉的时候,他带我去户部巷吃臭豆腐,去黄鹤楼时翻墙过去。我说:"你的形象一点不像设计师。"他淡淡地说:"你的形象一点都不像老师。"我无语。

其实我的形象确实一点都不像老师,因为在他面前,我从来就是一个梦想面前的逃兵。与其说我是他的老师,倒不如说他是我的老师。

每个人都陷入过困境,比如不小心溺水,比如生活走到了绝境。只要在困境中,给自己一个希望,然后镇定从容地,努力寻找能把自己拉出困境的树枝,最后你的梦想,一定能变成现实。

爱是付出,不是索取

好 心

在生活中,时常会有人问:爱到底是什么呢?有人说,爱是困倦时的那杯咖啡;是雨天时倾斜的那把雨伞;是难过时的那个温暖拥抱……也许它是无声的,也许它是喧哗的,但不管是哪种方式,我想,从木兰身上,我更懂得,爱,总归要有至少一方是懂得努力付出的。

1

认识一对姐妹花,正是为爱痴狂的大好年华。两人虽然是双生子,可不论相貌和性情都有极大的反差。

姐姐相貌平平,贵在温婉恬淡,像一朵皎皎木兰花。妹妹美艳婀娜,热情似火,像是娇艳欲滴的红玫瑰,因此大家私底下都爱以"木兰""玫瑰"相称两人。

玫瑰活泼、漂亮,她做事向来大胆火辣,对人格外热情,所以拜倒在她石榴裙下的青年才俊不计其数。可奇怪的是,这些青年才俊和玫瑰交往从来没超过一个月,甚至有的短短几天便落荒而逃。

娇艳的玫瑰总是被甩的那一个,搞得她自己万分郁闷,不止一次向朋友们大吐苦水:"刚开始对我再殷勤不过,可我一答应交往,所有都变了,衣服、车子、房子什么都不说买,我一要求,跑得比兔子还快!"

朋友问她:"你们交往多长时间?"

"差不多快一个月啊,都那么长时间了,什么都不表示,空口套白狼啊!"玫瑰总是说得如此理直气壮。

"那你表示了吗?"朋友反问。

"我是女孩!作为男生和追求者,他们不是应该满足我的所有要求吗?"

朋友也不好再接话,只是玫瑰依然重蹈覆辙。

2

相对玫瑰,木兰就不一样了。她姿色平平,很不起眼,也没有享受到父母对玫瑰的那种偏爱。可是在耀眼的玫瑰面前不起眼的她,却在玫瑰仍在寻寻觅觅意中人时,要嫁作他人妇了。

对于木兰的未婚夫,几个朋友倒是见过一次,每次提起那一次的饭局,几个人都会不约而同地由衷称赞:"木兰好福气!真是找了一个好老公,不仅长得一表人才,温和谦逊,而且做事面面俱到,对她又是真心好,简直是人生赢家啊!"

木兰结婚当日,我终于见到了传说中的新郎官儿。果然如他们所说,典型的高富帅。整个婚礼现场浪漫而又温馨。最让人记忆犹新的,莫过于新郎官临时加入的告白环节,也是从那一个告白环节开始，才解开了萦绕在大家心头很久的一个疑惑，我们才明白为何平凡如斯的木兰会成为新郎官的挚爱珍宝。

他说那是他临时加入的一个环节，还没来得及告诉任何一个人，他也是刚才看到木兰披着婚纱向他走来时想到的。他告诉我们，看着木兰一步步向他走来，他想起了他们从第一次认识到现在的种种。

当时很多人都不看好他们。那时他的一些朋友都不止一次劝他说，他的条件还不错，不说找一个倾国倾城的女孩吧，但至少也要回头率高的。

他当时只是笑了笑，什么都没有说。现在他告诉我们，木兰的好，不足为外人道也，她是他真正喜欢的人，她的所有他都不舍得分享。在他心里不是木兰配不上他，而是他配不上木兰。

3

新郎官的一席话就像一石激起千层浪，引起了全场哗然。是啊，谁能没有疑惑呢，论相貌，论家世，论才干，木兰都再平常不过，到底是木兰身上的哪一点深深吸引了如此优秀的新郎官，能让他说出这样的话呢？

来宾们不约而同向木兰投去了探究的目光。此时的木兰站在高大英俊的新郎身旁，更显得娇小可人，万般旖旎。

新郎官向着爱人柔情一笑，接着说，在他和木兰第一次见面的时候，他们家的餐饮生意已经惨淡一段时日了，基本上几个月以来都入不敷出。

那时餐厅满大街都是，若是没有新意，没有特色，就没有客人，那么离关门也就不远了。他那一段时间度日如年，每天都会熬到很晚，心情也很急躁，他妈妈很担心，于是便托他人给他介绍女朋友，好让他的心情有所缓解……

可是他哪有时间和精力想自己的婚姻大事，只觉得母亲的主意糟糕极了。可孝顺的他又不想让父母担心，于是便在反感中特意迟到了将近一个小时，好让女方自己打退堂鼓。

可出乎意料的是，当他到了约会地点时，没有看到空空的座位，也没有看到怒不可遏的苦等人，只看到了歪坐在沙发上徜徉在书本中异常享受的女孩，那便是木兰。

当他局促地道歉时，她竟然还安慰起了他。因为介绍的阿姨告诉了她男方如今的情况，她特意在约会前买了本餐饮管理方面的书籍，好等他来了共同出谋划策。两个人第一次的相亲便在研讨"主题餐厅"中结束了。

4

后来便有了一次又一次的约会。他们共同想出的"主题餐厅"一经推广，引起了不错的反响，可如果要长久推出，还需要额外的一笔大资金。就在他焦头烂额之际，木兰二话没说把自己几年的积蓄都拿了出来。她还卖了自己的车，买了一辆电动车，每天一有空便骑着它去餐厅帮忙。

"主题餐厅"的市场慢慢被广大消费者所熟知,也成为其他餐饮店竞相模仿的对象,为了稳定市场,他必须不断地出国进修,学习经验。于是餐厅管理的重担又落在了木兰身上。

不巧的是,在他又一次的外出期间,他的母亲因病住进了医院动了手术。木兰怕他担心,并没有告诉他,而是自己包揽了照顾新郎母亲的担子。为了让母亲安心养伤,吸收营养,每天一有空她便会学着做菜煲汤,力争做到每天的饭菜不重样。

他们一路走来,从刚认识开始,木兰就在用自己的方式"细无声"地付出着,她没想过要什么回报,只要明日比今日好,她便满足了。

现在两个人有了温馨的小家,生意也越做越大,他也越来越忙,有时他半夜才能回到家中,可每次推开房门,迎接他的不是冷清无声的黑暗,而是温暖不息的柔光。因为,不管多晚,总有温柔的妻子等他,总有可口的饭菜热着,总有一盏灯为他点亮。

5

我们终于明白,木兰其实才是真正的明珠,只是被世人蒙上了一层偏见的灰尘。如今新郎官慧眼识珠,细心擦拭,我们才得以看到今日熠熠生辉的木兰。这样耀眼的她,这样甘愿为爱付出的她,当然配得起如此优秀的新郎!

在生活中,时常会有人问:爱到底是什么呢?有人说,爱是困倦时的那杯咖啡;是雨天时倾斜的那把雨伞;是难过时的那个温暖拥抱……也许它是无声的,也许它是喧哗的,但不管是哪种方式,我想,从木兰身上,我更懂得,爱,总归要有至少一方是懂得努力和付出的。

我不禁又想起玫瑰来,那个为爱仍在困惑的女子。一直以来,我们都认为她很幸运,和木兰本是双生花,她却娇艳可人,比姐姐得到了更多的关注和宠爱。

同样的东西,同一件事情,她的姐姐可能需要花费更多的努力才能做到,可她只需动动嘴唇撒撒娇问题就解决了。可是,她又何其不幸,平凡的姐姐如今都已找到自己的幸福,而她,依然迷失在爱的迷雾中。她什么时候才能明白:爱,是付出,并不是一味地索取?

人人都想做娇艳的玫瑰,凭借娇颜便被他人捧在手心,拢在心头。可大家好像都忘了,玫瑰本身是带刺的,当被他人捧在手心的同时也会刺伤他人,所以,即使有些人想触碰也会及时收回手,宁愿做一个远观者。

木兰虽淡,却雅,初见时也许姿色平平,不易放在心上,但却耐人寻味,且历久弥香,沁人心脾,默默无闻地奉献。

那么你呢,你是愿做为爱默默付出的木兰,还是向爱一味索取的玫瑰?

第三辑

谁说我不能再次微笑，谁说我不能活得很好

　　没有人喜欢一个活在幻想里的人，现实中缩手缩脚，因为害怕结果不好而什么都不做的人，并不能给身边的人带来什么正面的力量，那些抱怨的话也会让身边的人觉得反感。大家都喜欢积极向上的人，而非负面消极的人。

喜欢就去拥有它,不要害怕结果

彼岸花主

有人似乎天生就是矛盾结合体,把人生过成纠结的样子,瞻前顾后,患得患失,有喜欢的东西却不敢去拥有,总是在想这样做了会有什么不好的结果,而让自己陷入自我折磨的怪圈当中。你的身边应该也有这样的人吧?喜欢就去拥有它,不必害怕结果,否则,是好是坏连个结果也不会有。

昨天深夜接到一个陌生人的电话,很有礼貌地问我是否有空陪她聊聊。深夜还在赶稿子的我,竟鬼使神差地同意了。

"你是一个纠结的人吗?"

从她的声音里我听到了探寻,几乎没有迟疑的我就回答了她:"不是。"

她停顿了一下,似乎没想到我会回答得这么直接。接下来,她向我讲述了她从大学到工作之后的经历,我听了觉得她应该是那种典型的矛盾结合体的人,她果然如我所料是一个纠结的人,过着纠结的生活。

大二那年,她喜欢上了同班的一个男生,却不敢表白,害怕被拒绝,以后在班里抬头不见低头见的很尴尬。所以就开始了长达两年的暗恋时光,她从不逃课,因为在课堂上能够看到他,可她也不知道讲台上的老师在讲什么,因为她的目光始终焦灼在那个男生身上。

大四那年,她终于鼓起勇气去表白,可还没走到男生跟前,就已怯场,干脆落荒而逃。她想,马上就要毕业了,家里要求她回老家所在的城市工作,他不同意也就罢了,他如果同意但不跟她在一个地方工作怎么办? 异地恋太苦,她一点也不想。

可是后来,她听说那个男生和他们班另外一个女生在一起了。她被巨大的失落和悲伤袭击,心痛得仿佛无法呼吸,她暗恋这么久,竟然让别人捷足先登。

毕业后,她计划着去云南旅行,可在网上看到许多负面的言论,说那里就是个"坑",洱海其实很脏,特色小吃其实很平常,还有宰客的情况出现。她没事就在网上论坛逛,看到吐槽的就会记下,后来发现云南那里似乎并不那么美好。

"你知道吗? 去云南旅行一直都是我的梦想之一,小的时候觉得那里就是我的天堂,我一定要去那里看看。从大一直到大四,直到现在我也没能到云南。"

"是怕去了那里,所见与自己想象的差太多,心里失落吗? "

"是啊,我总担心去了之后跟我想象的样子差太远,会很失望,所以我舍不得或者说不敢去看。倒不如放在想象里,还有一份美好的念想。"

我并不赞同她的观点："人是活在现实里的，想象再美好，终究是你虚幻出来的，你不去，那里美好或者丑陋都跟你没有关系。"

她沉默片刻，我听到她的叹气声："我总害怕结果不好，与我预想的不一样，我会很失落。我知道这样不好，可我就是没有勇气走出去。身边的人似乎都不太喜欢我的性格，以前还听我说几句，渐渐地就不怎么搭理我了……"

我能感觉到她的孤单，不然也不会在深更半夜随便拨一个号码给陌生人来诉说心事。我也能感觉到她身边之人的无奈，没有人喜欢一个活在幻想里的人。现实中缩手缩脚，因为害怕结果不好而什么都不做的人，并不能给身边的人带来什么正面的力量，那些抱怨的话也会让身边之人觉得反感。

大家都喜欢积极向上的人，而非负面消极的人。

"我今年二十七岁了，到了该结婚的年龄了，可是我不敢想象结婚之后的日子。你也知道婆媳关系很难处理，我有很多同学都结婚了，看她们聊天总能看到她们和婆婆各种闹别扭，过得并不幸福。"她顿了顿，问道，"你说人为什么要结婚呢？"

人为什么要结婚呢？这简单的一句话却是有着大学问。中国历史发展这么多年，除非看破红尘了，很少有人一辈子不结婚，这事关人类学和社会学，并不是我能回答的问题。我只好反问："你有要谈婚论嫁的对象了吗？"

"有。我们是相亲认识的,我从没想过我的婚姻会以相亲的方式开始,这种没有感情基础的婚姻,会幸福吗?"

"你想象的婚姻应该怎样开始呢?你和他在一起开心吗?最主要的是你想结婚吗?"

"可能是单身太久了,也可能真的是到了该结婚的年龄,我最近越来越想结婚,可是我和男朋友毕竟是相亲认识,以前没有什么感情基础,即使我现在对他的感觉还不错,也想和他结婚,可是我害怕他妈妈不好相处,也害怕万一婆媳关系不好,他会向着他妈妈,万一这么糟糕的话,那我以后该怎么办?"

想的真不是一般的多啊!

我又劝说了几句,终究有些无奈:这姑娘活得太纠结了,事情还没发生,她总是先想到坏的结果,因为想到坏结果竟然止步不前。

这是一个拿不起也放不下的姑娘。

"你可以不把结果想得这么糟。"我尽量耐着性子解释,"事物都是有两面性的,它兴许朝着好的方向发展呢?难道你就因为那可能出现的坏结果,就忽略也可能出现的好结果吗?"

"那万一是坏结果呢?万一结果不好我这一辈子就耽误了呀!"

我有些耐不住了,总是这样畏缩不前,这一辈子难道就不耽误了吗?我的声音不由提高了:"你总害怕结果不好,就什么都不敢做,喜欢就去拥有,活在幻想里的人,在现实里什么也得不到,你总害怕结果不尽如人意,可你快乐吗? 你自己想一下,那些敢作敢为,喜欢什么就去努力争取的人,他们的状态如何? 即使结果不好,他们曾经努力并为之奋斗过,就不会后悔。反而是你,喜欢的不敢靠近,想做的事情又犹豫不决,最后的结果如何呢? 喜欢的人成了别人的男朋友,幸福与你擦肩而过,想去的地方一直在远方,你停留在原地,一事无成,连知心的朋友也没有,这就是你想要的结果吗? "

那边沉默了好一会儿。我冷静下来,心想我是不是把话说得太重了,刚要开口道歉,就听她平静的声音传过来:"谢谢你,让我自己反思一下,打扰你休息了,我很抱歉,晚安。"

就这样挂了电话,我握着手机有些愣怔。

刚刚我那一通话也许是说得有些重了, 可是这样纠结的人说出纠结的话,莫名的让人心里窝火,在我的意识里,喜欢就去拥有,不必害怕什么结果。

而那所谓的结果无非有两种,好结果和坏结果。在你没做什么之前,两种可能各占一半,就算努力之后也没能得到一个好结果,可终究也会有一个结果,像上面那位姑娘,喜欢也不去争取,不去拥有,或是继续幻想美好,或是徒留遗憾。

后来,微信上有一个好友验证,验证信息是纠结女变开朗了。我拒绝,陌生人我不添加的,后来又接到那个姑娘的电话,说是加我微信被拒绝，问我是不是也不想搭理她，最后我们成了微信好友。

她朋友圈最近的一条动态，九宫格放的是云南各处的照片，洱海、大理的别致客栈、昆明车站、空中玻璃走廊、香格里拉……上面写着这样一段文字：云南，我迟来了八年，幸会。

她去了云南。

我刚点了赞，她就发来一张照片，是和她男朋友一起的，两个人相拥着笑得很开心。

她说："谢谢你，让我清醒。以前我总害怕结果不好，就什么也不敢做，现在我听了你的话，喜欢就去拥有它，不必害怕结果，如今的结果还不错，我和男朋友年底结婚，很希望你能来参加我的婚礼。"

我淡淡一笑，回了一个拥抱给她，祝她幸福。

人生哪会有那么多好结果，可喜欢的就要努力去拥有，只静静看着，所喜之人、所喜之物就会变成别人的。追悔莫及，空留遗憾。

把人生过得太纠结，朋友会对你敬而远之，家人也会对你失望，自己也难开心，倒不如开心争取。

哭笑过后，总还会有个结果。

会过去的,就会过去的

妤 心

有时我们像掉入了无边的深渊,身心极度煎熬,一度觉得就要挨不过去,可突然又不知交了什么好运,受到上天青睐,幸福得简直想要落泪。你看,那些难熬的、苦痛的不都会过去吗?

会过去的,终究都会过去。

前几天和好友逛街, 在商店听到了梁静茹的那首《会过去的》,当那句"一切都会过去的"的歌词响起时,我不禁百感交集,感叹人生际遇真是不可言说。

难道不是吗? 有时我们像掉入了无边的深渊, 身心极度煎熬,一度觉得就要挨不过去了,可突然又不知交了什么好运,受到上天的青睐,幸福得简直想要落泪。你看,那些难熬的、苦痛的不都会过去吗?

会过去的,终究都会过去。

1

雯清是我深交的好友中绝对可以称为"好姑娘"的女孩,她心地善良,但凡你找她帮忙,只要是她力所能及的事情,她绝对比做自己的事情还上心。

除此之外，这姑娘还乖巧懂事，体贴孝顺，勤快好学，我从没见她和谁红过脸，如果你在人群中看到一位一脸笑容，让人如沐春风的姑娘，准是她。我常常由衷感叹，如果我是男人，绝对非卿不娶。可这样的好姑娘在两年前也曾被渣男伤得身心俱碎。

我还记得两年前她打来的那个电话。那时将近深夜两点钟，我困得实在是睁不开眼，还没等我开口说出那个"喂"字，听筒里就传来了她歇斯底里的哭声。

我的睡意顿时全无了，因为我们认识这么多年，我从没见她哭过，这不应该是她。可听筒里传来的，分明是我再熟悉不过的声音。我安慰了她很久，听筒里才传来她抽抽搭搭勉强能连成句子的声音，那头的她嗓子已经哭得沙哑，定是被渣男伤得不轻。

她和渣男是大学时由朋友介绍认识的，当时渣男一腔热血，满腹志向，深深吸引了雯清，她便不管不顾地一头扎进了异地恋的大军中。

2

在两人交往的半年时间里，雯清一次又一次风尘仆仆地赶往渣男所在的城市，只为能与对方多一些相处的时光，每次雯清从渣男的城市回来，脸上都带有一种甜蜜而忧伤的表情。

甜蜜如她，又见到了她心目中的大英雄，忧伤如她，又要很长时间看不到她的英雄。她每次从渣男那里回来,都会想着法子拼命赚钱,我们当时还笑她为了不一闲下来就思念渣男而把自己的时间安排得满满的也是蛮拼的。

后来才知道,原来雯清每次到渣男那里,他都不止一次地表露想要雯清借给他一笔钱的想法。雯清不好意思向家人伸手要钱,又觉得向我们借钱我们一定会嫌弃渣男,可每个人都有做梦的权利,她不想践踏任何一个人的梦想,于是她便自己闷声不吭地努力为渣男挣他所谓的事业投资费。

只是到最后雯清才知道,这所谓的投资费,不过是渣男满口胡诌的谎话而已。不过这也不怪雯清,渣男太有心机了,他为雯清织就了一张满怀宏图大志的"爱"网,雯清只得乖乖投降。

他说他要和朋友一起创业了,让雯清借他一些钱吧,他一定会还给她的;他说他们的产品销路有些问题,最近资金周转不开,他和朋友都快成了穷光蛋;他……雯清就这样一步步成了他的取款机、摇钱树。

雯清也曾疑惑,可转念一想,作为毫无社会经验的"牛犊",难免万事开头难,因为她尊重他的梦想,她也愿意成为他身边的一棵橡树而不是一株藤萝,所以,她尽自己最大的努力去帮助他,他是她的盖世英雄,她相信她的英雄学成归来后会驾着七彩祥云来娶她。

3

可事实呢,因为雯清一次心血来潮的惊喜,便在渣男的学校看到他坐拥美人的得意。原来,原来如此。去他的投资,去他的资金周转困难,都只是渣男的幌子而已。

他把雯清辛辛苦苦挣来的钱全花在了新女友身上。那姑娘典型的白富美,他为了攀白富美姑娘的高枝,便事事顺着她,可他哪来的钱呢,自己当然没有,于是便想到了雯清,他设下这个局,只等着雯清往里钻,来填他的无底洞,而他自己,只需等着抱得美人归,喜获大好前程而已。

雯清在电话里哭得泣不成声,责怪自己真是瞎了眼,辛辛苦苦把所有的积蓄都花在了最不值得的人身上。电话里传来她心灰意冷的声音,她说:"小辛,我突然觉得人心始寒,真的,真的不敢再爱了。"

我这才意识到问题的严重性。渣男是雯清的初恋,她爱得那样认真,以为有了他便会战胜以后的所有困难,可到最后才发现,所有的大风大浪都是他给的,到头来最爱的人伤她最深。

可不管怎样,人生不会因为你的一蹶不振而停滞不前,时间的大手仍会推着我们向前走。

我只得安慰她,我问雯清是否还记得我以前和她提过的一位同事姐姐。她美艳独立,是我们全校同学心目中的女神。

可是就是那样一个女神,老天也没让她好过。她的老公有了外遇,偷偷转走了家里的所有资产,连房子也过户到小三的名下,只留给她一个女儿,两人离婚后她只能和女儿暂住在娘家,她连自己的家都没了,还要养女儿,她岂不是更难过活?

可那姐姐从来没被困难打倒过,她什么都没有抱怨过,只说"什么都会过去的,我得往前看啊,我不相信老天会给我一辈子的磨难,日子总会越过越好的"。

她经历了这样大的变故,并没有放弃什么,通过自己的努力,她在工作之余又身兼数职,不仅自己买了房子,把女儿照顾得乖巧懂事,还遇到了自己的幸福,她现在的先生正是她在兼职时认识的,是她其中一个兼职公司的老板,他慧眼识珠,看到她的与众不同,疼她、怜她、爱她,他们现在已有了爱情的结晶,一家四口过得幸福美满。

你说,如果她不让自己的那些前尘往事过去,她能遇到现在的幸福吗?

我又问雯清,问她还记不记得中学时我们学过的那一篇《假如生活欺骗了你》。

"假如生活欺骗了你,不要悲伤,不要心急,忧郁的日子里须要镇静:相信吧,快乐的日子将会来临!"

4

谢天谢地,雯清终于活过来了。她字正腔圆地完整背出了那首诗歌。

她说:"昨日种种,譬如昨日死。小辛,谢谢你,我好像懂了。"

我们的通话也随着雯清的那句'好像懂了'而接近尾声,我欣慰地笑了,因为我知道,雯清并不是"好像"。

果然,现在的她也遇到了那位真正的白马王子。他记得雯清的所有喜好,他关心和雯清有关的所有问题,就连我们这些朋友,也托雯清的福,时不时也会被他请去吃饭,拜托我们在他出差时多多照顾雯清。

每次我们聚在一起,那人开口闭口必然是"我们家小清"。就连雯清自己有时都会感慨:"哎呀,我们家那位,真是……",随之而来的便是她甜蜜的笑容。

两人在结婚前夕,渣男铩羽而归,原来在雯清识破了渣男不久,白富美小姐也狠狠地甩了他,他那鲤鱼跃龙门的美梦终成了泡影。

他听说雯清要结婚了,几乎打爆了雯清的电话,可笑的是他竟然向雯清索要精神损失费,大言不惭地认为就是雯清当初的不留情面才让白富美小姐离开了他,并扬言要报复雯清。所幸雯清的先生完美地处理了这件事,渣男的嚣张气焰才得以收敛。

当然,以前他信誓旦旦向雯清保证一定会还的钱也从没被提上日程,不过,谁还关心那些呢?

5

也许现在的雯清再想起过去,也感觉如梦之梦吧。

岁月终不会辜负任何一个懂得看向未来的人。也许现在的你也深陷在过去苦痛的泥潭里不能自拔,倘若你内心明澈,看淡看轻,你陷进去的也只是一个坑而已,迈过去便有大好时光等着你去追寻。

就如那山,你爬上顶峰,踩在脚下,它们再高大,也只是一堆石头而已,你畏惧它,它才会成为压倒你的五指山。过去的不堪或是不幸,就如那山,你翻越它,才能看到山那边更美的风景。

同事姐姐懂得,雯清也懂得,我希望每一个人都能懂得。

就像我坚信——

黑夜会来,但总会过去。

感情总是善良,残忍的是人会成长

花底淤青

太多时候,人本身善变,何故借"不忘始终"的拙词,当作自己苦苦坚持的借口? 若爱一人心,管他沧海桑田变化,爱终归是爱的。

可你要明白,爱是愉悦,不是痛苦,亦不是自残式内伤。

我曾经看见过一个反问句,令我印象深刻:除了罗切斯特,谁来爱简·爱? 一时间我也难以做出回答。

我想到好几年前,被称作"青春"的日子,只是可惜往年的事情,再拿出来当作谈资,就不知不觉已经凝固了时间点,连同旧情一起封存心底,留下永不磨灭的痕迹。

那时候,还不是白衬衫非常流行的时代。没有智能手机,人与人之间最有效率的交流方式就是说话。直白、简单,没有纠葛,而那时最美好的感情是独自一人躺在硬邦邦的木板床上,望着纱窗之外的水蓝天空,将自己的思念一点一滴刻在洁白的云朵上,任由它变换形状,然后被往来的风带走。

在一个晴朗的日子里,我发现我好像喜欢上某一个男生了。大学校园不大,兜转几圈总能遇见,他长相清秀,并且穿着总是一如既往的干净，深蓝色的球鞋没有干结的泥垢，笑起来有阳光的味道，我觉得这样就很好。

老天总是让我感到幸运，因为我总喜欢待在学校那小小的图书馆里，也时常可以遇见他。在背景里若有若无地瞧着他，金灿灿的阳光铺满木桌面，连着他乌黑如漆的头发也一同金光四射，他就伏在固定的窗边桌案上静悄悄地看书，像一尊雕塑般养眼。

我猜他一定是在读某些世界名著，心中暗自期望着是《阿达拉》，或《伊豆的舞女》，又或是《荆棘鸟》，再不济，总该是有关学业之书。可惜，我并不敢上前与他搭话，只远远地与他面对面坐着，顶着厚厚的玻璃片看他，也实在看不清他手中的书籍。

每一次，我都窃喜不已，像极了一个忘记带红鼻子的小丑，真切喜欢某个人时，那感觉就像他是冰种里的一滴朱砂，似乎多余，仿佛累赘坏了好颜色，偏偏你觉着他完美得恰到好处。时间就在这春风洋溢、花木葱茏之中缓缓流淌，安静美好。

直到某一天，我与他在图书馆再遇见，我看见依旧眉清目秀的他，身旁站着一位个子矮矮的粉红裙子女孩儿，那女孩儿抱着几本书，五官小巧精致。远远的，不知他说了什么，那女孩突然笑得像朵春风拂开的花，带着青春靓丽的活力。

我推了推眼镜，杂乱无章的刘海遮住眼神，背着沉重的旅行书包，抱着满怀的书，低头，从他身边轻轻擦肩而过，我一直记得,他连余光都不曾停留在我身上一秒。我刻意轻轻地剐蹭到他的手臂,因为不想连失败都失败得悄无声息。

那一刻,听见玻璃瓶掉在地上的声音,我仿佛事不关己般地路过,但有什么哗啦啦地在心底碎了。

"喂!"身后有人说话。

我闻若未闻,因为已经输了,就不要再丢人现眼,我只想尽快离开这里。

有人拍拍我的肩,说:"同学,你杯子掉了。"

我猛地一回头,是他,指着一地的玻璃碴和水迹跟我说话,而他身旁的女孩一脸惊愕地望着我。

没错,真是玻璃杯摔碎了。

不只地上满是玻璃瓶的碎片和水迹,连同我的眼睛也是湿漉漉的。活在自己的暗恋时光中,然后矫情到让自己快要难过地死掉。

我望着他,等待他可以安慰我一句,借此给自己一些减轻难过的机会,可俗话说得好,不见棺材不落泪。于是,就在我满心期待之中,只看见他皱了皱眉,语气中夹杂着不耐烦:"我的书都湿了,这些你得负责!"

我顺着他伸过来的书看去,他的书上确实落了些水渍,然后,我发现那本封面花花绿绿、连名字都非常恶俗的书,大概是我见过的最没品位的书,以至于我都开始奇怪图书馆怎么会有这种烂大街的劣质书籍?

他身旁穿粉红裙子的女孩扯了扯他的衣角,眼神中有三分焦灼,示意他别再为难我,真是个可爱的女孩子。但是,他还是一本正经地盯着我,丝毫没有打算放过我的意思。

我愣了一下,忽然咧嘴笑了。

他们的神情更显得错愕,而且愈发扭曲起来,或许是我笑得有些狰狞,管他呢,反正我自己看不见。

我一把接过他的书,翻过来瞧了瞧背面的价格,然后再把足够的钱塞给他。他看见人民币后,怒火中烧的眼睛终于亮了一亮,像老鼠见到奶酪,之后心满意足地揣着钱票子离开,那女孩儿跟上去,几番回头看我。

我转身,拿了扫把和簸箕,把满地玻璃碴打扫干净,然后连同那本杂书和玻璃碴都丢进垃圾桶——不可回收。

有风从窗外吹进来,阳光细碎地洒在我身上,我的双手雪白透亮,足尖有氤散的光圈泛着琥珀般的光泽,玻璃片上倒映着我的脸,吹散的刘海扬在耳后,眼睛晶莹如星辰。那阵风轻轻地,在我额上印下一吻。

我昂起头,突然懂得,原来感情需要遇到对的人才能体会,不是不想爱,也不是为了宁缺毋滥,只是自己过得挺好,哪怕时光清浅,始终一个人,也没有遗憾。

臆想之中的美好,是我在光阴中酿着微微发酵的酒,然后微醺,微醺。某人沾了酒香,我以为我喜欢上那个人,可我才发现,我喜欢的一直是酒香,不是那个擦肩而过的路人甲。

很多时候,窗外下着名唤"光阴"的冬雨,而感情像是一杯温热牛奶,你捧着它既暖手又暖胃,但细密的凉意照旧会透过窗台的缝隙毫不留情地溢进来,在你面前嚣张跋扈地将热气腾腾的牛奶吹冷,于是,你再不能喝下一口。

经历成长,没有人会永远幼稚可笑。我就这样捧着一杯冷透的感情,度过我南辕北辙的青春时代。

很多人的一生都花费了多余的感情,然后任由自己歇斯底里,将自己折磨疲惫,这很不划算,也同样幼稚可笑。

亦或许正是因为感情总是善良,我们才得以重新认识自己,褪下灰粗粗的旧布衣,换上一件流光溢彩的白裙,破茧成蝶,接下来柔者配柔,刚者配刚,寻找和合之妙。

后来,不知道他有没有变得待人温和,我听说那可爱的粉裙子女孩儿成了学生会主席的女朋友,他似乎暴躁过一段时间,然后我再也没有听到过他的消息。

操场、柏树林、绿锈斑斑的铁栏杆……无论路过哪里,我总会习惯性地望上一眼,虽然空荡荡的,但我心中却是满满当当。

感情总是极度善良,残忍的只是人会成长。

之后,我开始过着独自一人也很温暖的日子,再爱上的人就像笔下的过境飞鸟,掠过天际的一瞬,美不胜收就足够好。

大多时候,人本身善变,何故借"不忘始终"的拙词,当作自己苦苦坚持的借口？若爱一人心,管他沧海桑田变化,爱终归是爱的。

可你要明白,爱是愉悦,不是痛苦,亦不是自残式内伤。

经历兜兜转转之后,那本泛黄的书再次被我翻开,"简·爱"二字鲜明显露,书角蜷曲着流光痕迹。我想,爱上简·爱的人很多,但是除了罗切斯特,再没有人能令简·爱爱上。

就像感情总是善良,残忍的是人会成长。

你不迈出那一步,怎知道前面的精彩

隗学芹

人生的每一段路,都不是你想象的那种坦途,只要我们打得开,放得下,那些人生路上的坎坷、磨难,何尝不是为了成就更美的风景。

我的同桌艺艺,用她的义无反顾的举动,演绎了人生路上华美的转身,她转身的姿态优美而又从容。

艺艺晚自习后神秘地趴到我的耳边悄悄对我说:"哎,我要学美术了。"

我不知道是我耳朵出毛病了还是怎么了,瞪大了眼睛吃惊地看着艺艺:"你刚才说的什么,我没有听清楚,你发什么神经呢? 很快就高考了啊。"

"我知道,就因为马上高三了,我想搏一把。如果不能在我最美的年龄,做我想做的事,那才是最大的遗憾呢,我就是要任性一把。"

艺艺向来有一说一,决定的事情,是很难劝她改变的。第二天,艺艺在我们的瞠目结舌里,很潇洒地搬去了艺术班。谁都知道在那个班里,学生的水平如何。可艺艺就是艺艺,她要在自己最好的年龄,做自己最喜欢的事情。

人生的路说长也长,说短也短。在人生的每一个阶段,我们都会有着这个阶段的故事,有着这个阶段的辛酸、泪水、欢乐。只是,要想让人生路能辉煌的,只有我们自己,正如艺艺说:"不迈出这一步,我怎么知道我的前面有多么精彩呢?"

同学们在艺艺走后,很是热议了一段时间,然而面对残酷的高考,学霸们可没有那么多精力去探讨艺艺的心路。很快,艺艺转班的事就沉寂下去,学霸们又都通宵达旦地迎战高考了。

我总是在晚自习后,悄悄溜到画室,隔着玻璃门,看艺艺埋头作画。艺艺的眉宇皱着,好看的眼睛弯弯的,我知道艺艺是快乐的。

每个人只有在人生中勇敢把握自己的内心,才不会被大众世俗的洪流淹没,才会收获自己的精彩。

曾经记得一位姑娘,在看了大山的孩子没有书读的事情后,毅然组织起公益活动,为大山的孩子义务送书。为了书的质量足够好,书的内容符合孩子年龄,她经常跑书店亲自挑选。而她不高的薪酬,几乎都为孩子们买了书。

她倡导同龄人加入共同帮助孩子的活动中。那几年,她的足迹遍及了大山各处。虽然没有丰富物质的回馈,没有鲜花与掌声的赞美,但是孩子们一封封真诚的来信,让她心里充满快乐。

当有人问她这样做图什么时,她只是淡淡一笑说:"就为了那些孩子灿烂的笑容。这几年做的事情,是我人生里我觉得最动人的一部分。"

不为名利的事情,似乎很少有人去做。放着美好生活不去享受,却为了一群和自己无关的孩子奔波操劳,虽然她没有收获到人们看重的名利,但是她收获了一段精彩的人生。

如果她当时只是想着这是费力不讨好的事,只是想着这对自己的发展没有任何好处,她就不会迈出这一步,也就不会在做这件事时,收获那些真诚的笑脸,那些贴心的祝福。大山的孩子捡拾蘑菇晒干,送给她,把舍不得吃的自养的山鸡杀了招待她,那些淳朴的情感,让她心里时时涌动着人间温情的暖流。

她的人生,和艺艺一样,都是自己去把握的,这才是真正属于自己的人生路。

艺考的时间很快就到了,艺艺甚至通宵达旦地在作画。偶尔,我来到她的教室,看到她清瘦的脸,旁边的工具箱里,放着好几包面包。

真担心这样下去,她会吃不消。我买了饭,来到画室和她一起吃,艺艺连手都懒得洗,就用满是铅的黑乎乎的手,拿方便袋包了勺子舀饭吃。艺艺吃得很香,一边吃还一边含混不清地说:"好吃!好久没食人间烟火了。"

看着她一副没操守的吃相,我笑问:"后悔吧,弄得自己这样累。"

"坚决不后悔。我可跟你说,别给我说泄气话。否则我不理你。"

"好好,不说。好好吃你的饭。"

艺艺参加艺考,坚决不要人陪同,她说她不想跟前有人,那样她会很有压力。自己的事情,自己去处理好了。就这样,一天的紧张考试,艺艺独自一人坐车去参加。看看我们这些整日被题山压得连气也喘不匀的人,艺艺的潇洒也很让我们羡慕。

艺艺的艺考顺利过关了,接下来还有文化课的学习。那天早上,艺艺就这样神采飞扬地来到班里,坐在她的老座位上。我真是不理解这丫头葫芦里卖的什么药。待下课悄悄过去问:"又演的哪出啊? 一模考试都结束了。你来这里,能跟上节奏吗? "

"嘿,你是看不起我呀。我跟不上怎么了,跟不上也要跟,别忘了,姐是从这里走的,当然要回到这里。这里的学习氛围和速度都是我需要的。"

艺艺又一次让我们瞠目结舌了,想想我们班可是快班,学文化课的速度,那是艺考班打死也跟不上的节奏。然而艺艺有备而来。她很快扎入最后的复习考试中,我们听不到她以往悠闲的歌声了,只看到她每天来去匆匆的身影。

艺艺最终以骄人的成绩,走进了自己理想的艺术学院,开始了她的艺术人生。每每谈起艺艺那时的果断, 她总是说:"人生啊,每个阶段都有它的精彩,只是,你不迈出那一步,是不知道前面的精彩的。"

是的,人生的不同阶段,都会有不同的故事,只是,必须勇敢地迈出那一步,你才会知道前面到底有多精彩。

总有一种痛,让我们瞬间成长

黑白格的时间

总有一种痛,让人瞬间成长,让我们经历儿时、少年、成年、青年、老年,甚至面对残酷的生死。我们在痛的面前,总能找到它的对立面,痛长一分,爱长一分,痛多一厘,爱多一厘,终让我们回归起点,从容面对。

成长是成熟的必然过程。

破茧而出,化成美蝶,好像只是一瞬间,有人看蛹呈痛苦状的挣扎,好心助其快速突破,结果锋利的刀刃划过,美蝶瞬间灭亡。

成长的经历没有谁能替代,前辈的指教有时可以提前在微毫间纠错,却不能完全成为别人路上的扳道工。

成长很多伴随着伤痛,伤痛打开一扇门,你推开脸上的白纸,轻轻一吹,另一个世界就展现在眼前,有的痛有刮骨疗伤的奇效,有的痛有肝肠寸断的心碎,有的痛有只留印记不着痛痒的微妙,有的痛尝过一次就陷入恐惧,有的痛逃离一次就深陷不拔。

表妹化疗后头发全掉光了,三岁的儿子最怕妈妈摘掉头巾,奶奶带他出去玩,他最喜欢去理发馆,每次走都要带走人家剪掉的一小把头发,他种在土里,说浇水,发芽,妈妈就可以长头发。

他没有恐惧，只是夜晚妈妈不在时，会悄悄哭两声，奶奶一哄就又睡了。

他很懂事，会给妈捶背、揉胳膊，还会给妈画眉毛，给妈递洗澡的毛巾，他还会在小朋友的面前说，我的妈妈是大熊猫，胖胖的，是光头强，光光的。

对于表妹来说，这是一道生死大坎，她从没想过放弃，好像想想都是大罪，会杀无赦，会让自己这个母亲不合格。

忍着痛，慢慢走，慢慢地，她的头顶长出绒毛，长成尖刺，长成弯弯翘起的模样。

亲情助力成长，我们不想说成熟这么冠冕堂皇的词，只想说坚持，说陪伴，说爱，说永远。

我家住6单元，3单元一楼去年突发大火，里面的奶奶没出来。那天我们开车回家，被堵在小区口，9岁的儿子在车上睡着了，火光冲天，殃及左邻右舍，第二天门口摆出花圈。

儿子说，奶奶躺在地上，冷吗？我想奶奶了。

奶奶心肠好，我有次小门的钥匙忘了拔，老人家帮忙收好，一直在楼下等我们。我带小狗笨笨出去玩，讨厌的笨笨随地大便，我搜遍全身没带手纸，刚想偷偷离开，回头看见奶奶把脏东西收拾好，朝我笑，我羞得脸都没地藏。

儿子好像一夜之间长大，从来不愿主动说话的孩子，见到老人，总是热情喊爷爷好，奶奶好，还主动帮老人们提东西，过马路会主动扶老人一把。

他说,奶奶说我是好孩子,有礼貌、帮助人、有爱心、爱学习,这些不都是好孩子该做的吗?

如果只在亲人的庇护下,孩子很难羽翼丰满,只有善意地引导和细心地察觉,我们才能一起成长。

生活里本没有大智慧,大都是微不足道的小生活。

我们总会忽略些什么,我们也总会铭记些什么。成长的过程磕磕绊绊,有苦有泪。我们曾在痛苦中徘徊,都想剥离出真相,质问不公不平或大悲大喜的事,实在找不到,就会问苍天、问大地,其实所有的质问,归根结底都是在问我们的内心。

我以前有三个秘密,藏着。现在,我只有一个秘密,只关于你。

关于爱情,我们痛得很多。

爱情受伤受苦在成熟人的眼里,都是小儿科,是不成熟的表现,成长的路上爱情是亘古不变的激励因素,爱情在成长的道路上总是带着锋芒或尖刺,谁也没办法痛快地拿把手术刀,让炽热的心凉下来,让冷酷的心没有波澜。

年轻时爱上,分手后,说不再爱,这份成长的经历影响好多年。

多年后,遇上,陌生还是熟悉,不忘还是淡忘,这份成长的经历困扰好多日。

不管怎样,总有一种痛让我们瞬间长大,是放下还是追寻,是坚持还是放弃。

我们害怕亲人离开,很小就在过问生死,等你长大了,妈妈就老了,孩子说,妈妈我不长大,你也别变老。

我们害怕爱人离开,很早就在问结果,你爱我什么?你为什么爱我?你到底爱不爱我?你能爱我到什么时候?为什么离开我?凭什么不爱我?

当质问一开始,结果都变得不重要,重要的是你不满足于现状,不满足于已知的事实,而是追求心里既定的答案,如果是你要的那个,心就好受些,如果不是,心就开始恨。

一恨上就疯狂,爱就成了原罪,世间最不信的就是真爱。

人间最不能游戏,人生最不能游戏,时光不等人,我们可以不用太快,但也不能止步不前,借不来芭蕉扇也能有法过了火焰山。

幡然醒悟,时光荏苒,我们终会走出迷城,寻个出口,青山依旧在,几度夕阳红。

总有一种痛,让人瞬间成长,让我们经历儿时、少年、成年、青年、老年,甚至面对残酷的生死。我们在痛的面前,总能找到它的对立面,痛长一分,爱长一分,痛多一厘,爱多一厘,终让我们回归起点,从容面对。

总有一种痛,让人瞬间成长,有的人呈落英状散落天涯,有的人如梅花烙印进心里,有的人被错过,有的人被错爱,有的人还没有爱就消失,有的责任还没有负今生就无缘。

这些都是一种无法诉说的痛,痛过,我们都在不知不觉中成长,总有一天回顾过往,会深有感触地说句:那段日子我过得很难,现在,都过去了。

　　过去了就过去了,想记着就记着,想忘就忘,没人会陪你完整地走完一生,除了自己。

　　除了爱。

愿你以后所有的泪水都是喜极而泣

安　雨

当你决定去面对生命里的苦难时,你曾以为不会过去的坎儿就这样云淡风轻地过去了,并且让你越来越自信。它让你知道,当你的双脚迈出第一步的时候,这个世界上就没有什么事情是做不到的,即使以后的途中荆棘密布,风雨泥泞。

青春,给了人生瞎折腾的美丽,纵然有很多青涩,纵然有许多成长,纵然有许多眼泪,也能勇敢地向前冲,也能不断地爬起来,谁说咸鱼不能翻身?

我是一个胖子,一个不是吃货的胖子。四岁的时候我得了胃病,从那时起,吃药就跟吃饭一样每天都必不可少。

母亲正年轻,还要为整个家庭忙碌,无暇顾及我,于是便将我送回到乡下祖母家里,过着粗茶淡饭的日子。母亲每个月会寄回来一些胃药还有钙片,祖母更是不时地将山里发现的草药挖回来,凡是补性的草药,她都会把它熬成药给我灌下去。以至于长大后我跟朋友谈论养生之道都被误当成中医出身。

每天除了吃药就是喝药,饭却是再也吃不下多少。祖母看着日渐长肉的我,还无比宽慰地说草药太补了,不枉我时时挖的草药,真是一点也没浪费。

到了初中以后,我的个子才不过一米五,体重却已有了一百斤。跟一群男生穿一样大码的校服,我却撑像头猪。齐耳的短发,配上祖母剪的齐刘海,还有一个厚厚的双下巴。哪里有半点女孩子花枝招展的样子。

班里同学则给我起了一个对称的外号:肥妞儿。

也是从那时起,我才意识到:胖,是一个多么让人嫌弃的词啊。

更严重的是,我不仅胖,还很虚弱。路过篮球场时,我被突然飞来的篮球一下子砸晕了过去。

结果是, 所有人知道我是吃药长胖后, 更没有人愿意接近我,好像我一倒下,就谁都脱不了干系一样。

为此,我也自卑过,伤心过。在很长一段时间内,我都是每晚一个人绕着操场一圈一圈地跑着, 一个人趴在木桌上写日记看书,很安静却也很孤独。

我想没有人能忍受住在一个人在年华正好的年龄里黯然度过的寂寞时光吧。

高中,我依然安安静静地坐在角落里写字看书。

那是我第一次遇见程北,一米七几的个子,颀长的身材,略显婴儿肥的白皙脸庞,后来才知道他是我们年级公认的阳光校草。

当我戴着耳机围着操场一圈一圈地跑步时, 篮球场上正在进行着一场年级对抗赛,因为高年级没能胜利,便恶语相加,两队互殴了起来。而我,再次不幸地被篮球砸中,当我扭头隐约听见有人喊"胖子"的时候,篮球正好砸在了我的脑门上,当场晕倒。因为我的晕倒,成功地解救了程北一队的惨烈战斗,而砸向我的罪魁祸首,就是程北。

在程北的哀求下,我第一次向班主任谎称自己是因为严重贫血跑步过度而晕倒被程北同学送进医务室的,在老师的再三质疑下,程北逃脱了请家长的厄运。自此以后,程北就像是黑社会老大一样,在班里宣称:小安是我妹妹,以后谁都不准欺负她!

那段日子应该是青春懵懂期最快乐的时光,直至现在我一想起他依旧会嘴角不自觉上扬,奇怪的是我却一点都不怨恨他。大概是后来去了很多地方,见过很多人,才恍惚青春就如同一张白纸,即使褶皱,也满存珍惜。而那怎么也抚不平的痕迹,或许就是我们年少时高傲地低不下头的自尊吧。

在一次去保安处拿语文老师印刷的年级试卷时,我在途经食堂边的小树林里听到了这辈子足以让我单薄的青春碎得体无完肤的话。

"不是我说你程北,你不会真的看上那个胖妞了吧?"

"谁啊?给我来根烟,抽完还得回去考试!"程北沙哑的声音传来,看来,昨天晚上他一定又在网吧玩了个通宵。

"别卖关子啊,不就是那个被你用篮球砸过又让你色诱成功的胖妞吗？"周围传来一片嬉笑声。

"闭嘴！都少恶心我了。要不是我，你们能每次摆脱年级倒数的厄运吗？快快快，每人都孝敬我一根烟。"

没有继续听下去，我双手紧紧地攥着怀里的语文试卷，带着一种屈辱，我硬生生地将红着的眼眶闭上，不让它流一滴泪。

从那以后，我每天加倍地跑步，下雨也不例外。跟跑步同样坚持下来的，还有年级每月的红榜排名。

半年后，我的体重仅有 101 斤，也只是些微胖。开学后，看到同学们惊奇而又不断肆虐的目光，我的心里却泛不起半点的涟漪。没有谁的努力是看起来毫不费力的，它在旁人看不见的背后咬碎了牙也不愿呻吟一声，它脆弱，却又无比坚强，仿佛坚信，即使是一条咸鱼也能翻身。

班长眨巴着亮晶晶的眼睛拍着我的肩膀调侃道："不愧是安大学霸，连每个胖子都是潜力股的论题都能论证成功。"我回以微微一笑，默不作声。

高考后，看着毕业照上那个纤瘦的我，还是穿着那件又肥又宽的校服，而今却早已没了当初肥胖的半点模样。我想回到三年前拥抱那个在雨中跑步跌倒的自己，跟她说一声："谢谢你，让我坚持了下去。"

对了，还有程北，这个曾照亮我整个青春的如风少年。我要感谢他曾经出现在我的青春里，让灰暗的天空洒满了明媚的光。

我不会恨他的伤害,但也不会忘记他的欺骗。我感谢他的嫌弃,让我坚持努力褪去所有的不美好。

毕业聚会的酒桌上,程北喝得醉醺醺。他过来给我们这桌敬酒,轮到我时,还没等我起身,他把手搭在我的肩上低头靠近我说:"我毕业后就出国了。嗯,听说你减肥是为了我?"

我闻着他身上散发的浓浓酒味儿,一时恍惚。在周围同学起哄的笑声中,我回过神儿来看着眼前的程北:巴掌大的脸,白皙中有点麦色的皮肤,轮廓分明,一双带着促狭的内双眼皮儿,白色显瘦的衬衫,一米七几的个头儿。他,的确是帅气又阳光的,还和从前一样。

可我,却早已不是原来的我了。

我起身端着酒杯对他微笑着说:"怎么会呢? 我终归是为了自己更好,换做你或者任何人都会如此吧。"

我仰起头将杯中的红酒一口喝完。坐在位子上不再看他,周围的同学看着无趣又重新热闹地说笑寻下一个好玩的目标。

回到家的时候已是凌晨两三点,我还清晰地记着楼下的那排合欢树散发着清冷的香气,我踮起脚摘了一朵,粉粉的,那么小,像羽毛一样柔软。

当一个人走过了所有的苦难,已经不再期待和谁一起。倒是宁愿在他没来之前,做半只合欢花也好。我在微博上发送了这句话时,评论就跳了出来:你现在变得的确很优秀。

我关掉手机,不用想,也知道他是谁。

每个女孩的一生中,都会遇到一个让自己成长的男孩。也许他给你最温暖的爱,让你成为温柔娴静的妇人;也许他给你最深痛的伤害,让你成为决绝凛冽的姑娘。

可是不管怎样,那都是一段属于我们的青春记忆。

此后,不论是大学还是职场,依然会遇到或大或小的问题。但一想起那个渴望成功的自己,我就浑身充满了力量。

我很庆幸,自己当初没有因自卑而陷入沉沦不可自拔,人生的第一道坎儿,我感谢自己变成了曾让自己羡慕的模样。

当你决定去面对生命里的苦难时,你曾以为不会过去的坎儿就这样云淡风轻地过去了,并且让你越来越自信。它让你知道,当你的双脚迈出第一步的时候,这个世界上就没有什么事情是做不到的,即使以后的途中荆棘密布,风雨泥泞。

我只是喜欢装傻,不是真傻

亭后西栗

我知道你的心已不在我这里,我知道你爱上了别的人。不戳穿,只是我最后的温柔,我只是在装傻,不是真傻。

"夜辰,你知道吗? 每当你看着挂在墙上的画,每当你肆无忌惮地嘲笑着里面的鸵鸟,我都想对你说,那鸵鸟就是我。而我,在你眼里,是不是真的那么可笑?"

毕业后的日子,对夏言来说,就像是美好的梦境,她如愿以偿地和夜辰一起毕业,并以男女朋友的身份,有了自己小而温馨的家。

大约每个女孩子,都会有一个梦想,能和自己爱的人,有一个小小的家,小小的天地,以此来放飞一个更大的美梦。

但夏言从没有想到过,在这个洋溢着温馨和幸福的小天地里,竟也会孕育出无声的背叛。

也许是因为一成不变的温暖,让幸福的甜变成一种腻,也许只是缘分消磨殆尽,只留下礼貌的空壳。夜辰的身上,开始有淡淡的女人香,他的领口,偶尔也会蹭上浅浅的粉红色。

每当夏言将一件件衬衫扔进洗衣机时，她总是努力不去看那些印记，那些完全不属于自己的女人味，让她感到耻辱，但更多的时候，她宁愿将这些看成是考验，是生活对爱情的考验，也是命运对她的考验。

她盼望着，当这一次结束之后，她和夜辰一切都会回到从前，回到他们美好的大学时代，回到他们刚刚毕业时的小幸福里。

夜辰的工作越来越忙，越来越疲惫，越来越频繁地晚归，每当夏言坐在空荡的小客厅里，看着墙上的画，她总在茫然，将来该如何是好，就像一只从未将头颈拔离沙地的鸵鸟，身边的一切，令她既陌生，又害怕。

"夜辰，你那么忙，不然我以后下班了去找你吧。"

终于，在夏言生日那天，她鼓足勇气提出了卑微的要求。

"不用啊，你上了一天班也挺累的。"夜辰想也不想地回答。

"可我下了班也没事啊，你又不在家，我一个人很无聊的。"

夏言低下头，忍着微酸的眼泪，她还在努力争取，就像一直以来，她在这场即将逝去的爱情里拼命挣扎一样。

"夏言，我不想让你那么累，你只要安心待在家里就好了……"夜辰缓缓地说着，他选了一个舒服的姿势，靠坐在沙发上，目光却神游一样在客厅里打转，直到聚焦在那幅画上。

"对，就像那只鸵鸟一样。"夜辰仿佛得到了慰藉，忙指向那幅画，对夏言继续说，"当初买这幅画的时候你不是说过，唯愿自己像这只鸵鸟一样,不问世事,埋首生活,直到永远吗？"

夏言点点头,看向墙上的那只鸵鸟。

它弓着身子,将头深深地插入脚下的沙土之中,没人知道它的真面目,就像它也未曾见过真正的世界一样。

夏言忽然意识到,她就像这只鸵鸟一样,慌张而茫然,而这只鸵鸟分明就是她的写照,怯懦得让人感到可笑。

于是夏言笑了,在夜辰有些紧张的目光中,她笑着摇摇头,站起来走回了卧室, 就像跨越了两个世界。就像走过感情的枯荣,一墙之隔,两心遥见。对着镜子,夏言看到那只鸵鸟正满眼泪水,满脸笑容地盯着自己。

我们分手吧。

那一夜,夜辰一如既往地大醉而归,夏言埋头收拾好所有,之后爬上床,用尽平生最大的力气,拼命摇醒鼾声大作的夜辰。

她扯着夜辰坐起来,听着他含混的抱怨,之后清清楚楚地提出了分手。

"分手？"夜辰的酒劲顿时散去大半,抑或是,他的大醉本就是装出的姿态,只是为了不去面对苦守他到半夜的夏言。

"是的。"夏言的语气没有半点悲伤。

"你怎么忽然想起这个了？谁对你说什么了吗？"夜辰试探着问。

夏言用她那清澈微红的眼睛看了看夜辰, 就像看他的最后一眼,之后依旧淡淡地应着:"没有谁,我只是觉得我们……可能真的不合适。"

一夜无话,那是第一次,夜辰失眠了,就像之前每一个夜晚,夏言在床上翻来覆去地等待他归来一样,他也在床上不安地翻滚。夏言躺在一旁,听着窸窣的声音,感受着床垫轻微的晃动,却慢慢地睡着了。

到底是放下了心里的大石,还是放心地让那大石将自己心内的幻想碾压成粉末,夏言说不清,不过,为结束了的感情,做一个结束,似乎是她所能做的唯一。

搬家的那一天,夏言拖着最后的一个行李箱,走向房门。

"夏言……"夜辰试探着唤道。

夏言停住脚步,却没有回头。

"分开之前,你……要不,我们到老地方坐坐?"夜辰努力想找到些属于他们的话题。

"算了,你也挺忙的,以后想聚,有的是时间。"夏言说着,抬腿向外走。

"等一下夏言,你的画。"

夜辰从客厅中间跳到墙边,手脚敏捷地摘下那幅画,追到夏言身边,过分殷勤地递到她眼前,说:"你忘摘了。"

夏言转过头,认真地看了看夜辰手中的画,又抬起头,用陌生的目光看向夜辰,微笑着摇摇头:"不,它已经不是我的了,留给你吧。"

接着,夏言抬起头,像一只骄傲的鸵鸟,阔步走出大门,留下夜辰茫然地抱着那幅画,画上,是他曾经一遍又一遍嘲笑过的鸵鸟。

一个月后,夜辰出现在夏言的公司楼下,落魄,憔悴,衣衫不整,没有了夏言的细心照料,他看起来就像一只斗败了的公鸡,羽毛凌乱,精神萎靡,更可怕的是,他的目光里满是焦虑,一只手抱着一束玫瑰,另一只手插在口袋里,跟着玻璃转门的频率,不安地走来走去。

终于,夏言和同事一起,说笑着走出转门,夜辰就像找到救命稻草一样,猛扑上前,将夏言堵在台阶上。

"夏言……"

"夜辰?"

夏言立在台阶顶端,面色平静无澜,目光却阴晴不定,在她的脚下,夜辰正仰着头,慌乱而虔诚地望着她,就像望着十字架上的基督,等待着这一世的救赎。

"你怎么来了?"半晌,夏言先开了口。

下一秒,夜辰已经跪在了台阶上,将玫瑰打横摆在夏言脚下的台阶上,口袋里的那只手也抽出来,捧出阳光下璀璨恒久的一颗钻石。

"夏言,我知道是我不好,我忽略你、冷落你,让你独守空房,我知道，我愧对承诺，更愧对你，但是我求求你，看在我们那些年的快乐上，给我一次机会，让我用我的后半生，用我的每一天，每一刻弥补你，弥补我的过错！夏言，嫁给我吧！"

夏日黄昏的暮光斜斜地照在两人身上，在层叠的台阶上投上齿形的影子，就像夏言的记忆，坎坷昏暗。

"夜辰，我们之间已经结束了，我想，这件事你应该比我更清楚。"

夏言说着，优雅地整理了一下短裙，顺势坐到台阶上，坐到了离夜辰很近很近的地方，平等地、近距离地看着他，看着那张她曾深爱的脸，看着这张她如今已经不爱的脸。

"夜辰，其实我什么都知道，我早就知道，你的每次晚归，你的每次敷衍，我都知道。"夏言看到，夜辰的脸色忽然变白了，即使在暖黄暮光的照耀下，他的脸色依然白得厉害。

"当初我能忍下所有，并不是我不知道，只是我宁愿装傻，我希望通过我的傻，我的退让，等到你回心转意，可惜……我永远只能是墙上的那只鸵鸟，被你伤害，被你嘲笑。"

夜辰看到，夏言的嘴角又挂上从前那样清纯的微笑，可她的语气，却是无比凄凉冰冷，像是直接拖着夏天，跨进了晚秋。

"装傻，只是在等待一个更好的结局，既然等不到了，何必还要再装下去，你又是何苦，在鸵鸟跑远之后，还要紧追不舍……"

那一天，冰冷的台阶上，夕阳晚照，玫瑰钻石，一如沙漠戈壁

中的绿洲,邈远得比梦境更加痛楚,而行至天边的鸵鸟,早已忘了曾经埋首的沙地,也早已忘了,自己偷偷流进沙里的眼泪。

夜辰,我知道,你的心已不在我这里,我知道你爱上了别的人。不戳穿,只是我最后的温柔,我只是在装傻,不是真傻。

在走向完美的路上,可以有点不完美

张　绛

不是所有的人的一生都那么完美。有些或者出身卑微,从无改变;或有被误解的泪、不良善的对等;或危境突如其来,猝不及防;或孤军奋战,挑灯夜读,无人鼓舞;或寂寞的夜晚,无人陪伴;但是假设你不去放大这些不完美,完全地忽略它,坚定不移地做自己,走自己该走的、想走的路,风雨过后,这个世界就会还你以彩虹,赠你以余香。我们一旦拥有欣赏不完美的生活态度,才能告别一纸离殇,才能拥有美梦清秋。

"不要太在意别人的看法"是魏明军的口头禅,教室里已经包括老师在内,无人不晓。

自然,转校生小西也对他印象深刻。也不能不深刻,因为每天大家都在传他这句话,都当作座右铭供着,好像这句话特别能显示出自己很有个性。

但是小西觉得这句话的背后,张扬着魏明军的一种生活原则,尽管她对他一点都不了解。

1

也不知道是从什么时候起，偌大的校园里从晚上开始没几个人出来转悠，那么大的地方一到夜晚，就显得冷冷清清的，跟白天的热闹形成截然相反的画面。

据听说前段时间从校外溜进来几个毛贼，差点害死过人。幸好最后只伤不残，抢了几个恋人的手机和书包。所以，每个人一到夜幕降临，就马上钻回被窝，把门从里面锁好。

因为想要考研，所以小西不得不每晚出去上辅导班。辅导班就在学校最西边的围墙边，那里有几间房子，听说是一个学长博士生毕业后自己创业，在学校创建的几个小辅导班。虽然规模不大，但教课和辅导的老师个个都是博士生，见多识广，对付考试也很有一套。

小西是铁了心想要考北京的大学，当一名新闻记者是她从小就有的愿望。为此，她从大一就开始疯狂背英语单词。她每天天不亮就出门，晚上熄了灯才悄悄地推门而入。

对此，几个室友对她颇有意见，大家有宿舍集体活动也从不叫她参加。在室友眼里，她一心只往高处走，她是高山，别人是小溪，不是同道中人。

小西一点也没发觉出有什么异样。她照旧一如既往地疯狂学习。每天晚上，她都会买点好吃的夜宵回来，轻轻地放在宿舍唯一的那张堆满漂亮化妆品的桌子上，次日所有人吃得津津有味,她就傻傻地站在一边儿微笑。

能为大家做点事她感到很开心,她也一直以为大家都晓得是她买的,但其实根本就没人问起过这东西是谁好心买来的。因为她特立独行惯了,所以没有一个人想到会是她。她们都心照不宣地认为是她们几个互相慰劳的。

后来有一次魏明军晚自习回来,不知为何忽然造访了她们宿舍。他来找小西借书。小西不在,刚好出去到超市买墨水。几个室友正在狼吞虎咽吃东西,魏明军就问她们:"你们是不是每天拼钱让小西帮忙买夜宵啊?"几个室友面面相觑,等他走了之后,赶紧聊几句,才发觉一直忘了眼前人。

小西刚好回来,推开门,准备放下东西就出去。几个室友觉得挺不好意思的,连忙叫住她,说:"哎!那个,小西,魏明军刚才来找过你。"

小西惊了一下,她跟他没有任何交流。就问他人呢,知道他刚走,她就追了出去。

2

其实小西没走出宿舍楼几步,就看到魏明军好像等她一般地站在不远处,正望着她的方向。她感到有点奇怪,好像他料定她会追出来似的。走过去,有些恍惚地问他什么事。

魏明军是全校出了名的好脑瓜,智商高过130,他家境好,长得好,脾气也好,很受师长及同学喜欢。

魏明军开门见山地对她说："我爸告诉我，今年你想考的大学有个特招生的名额，有特长的及特殊贡献的多加二十分。而且导师到时候直接接见。"

小西觉得他好像在为她着想，但是她不懂为什么。他们从来没有过交往，连说话的次数都少之又少。她问他："你爸怎么知道？"

魏明军说："我爸的弟弟在那里当副院长。消息绝对可靠。"

他不等小西说完，就对小西说："我听学校学生会主席说过，你从高一开始一直在资助两个贫困地区的孩子，每个月给他们一千块钱，已经有好几年了。那些钱都是你平时打工挣来的零花钱。"

小西点点头，是有这么一回事儿。她在读高一的时候，有一次随父母去外地旅游，在四川的贫困县偶遇了几个小孩子，穿着很破烂，脚上的鞋子都露出了脚指头，很乖巧的模样，对知识如饥似渴。她有随身带着书本阅读的习惯，当时就送给他们了。没想到他们很开心，特别开心。

小西要了他们的地址，从那以后就经常给他们写信，还有汇款。

她的事情后来被当地的一个新闻记者给曝光了，身边的老师和同学才知道她一直在做善事。但她觉得这件事根本没什么宣传的噱头，因为她是发自内心地想做这件事，外人知道与否，她一丁点儿也不介意。

魏明军对她说："我可以让爸爸帮忙，把你的事迹转告给我叔叔。让学校知道你有这个特殊的加分故事，你知道，他们培养的都是记者，对你这样的执着、奉献精神一定会很欣赏的。"

小西摇摇头，坚定地对魏明军说："谢谢你的好意，我对此不感兴趣，我会努力的。"

说完她转身就走了。

3

学校又闹出一场抢劫案，事发地点就在小西上辅导班的地方。是在半夜一点多。

那个时候，正是小西刚刚上完课准备回宿舍的时间。

她听说了此事，心里微微发怵。命都没有了，或者人要是受伤了，那考什么都没用了。

辅导班的老师鼓励她、安慰她，说要送她回去。

但是一个班有五六个人，辅导班老师人手也不够啊，为了大家方便，小西很干脆地摇了摇头，她说她自己可以回去的，她胆子大。

其实她胆子哪里大？都是用来唬人的。如果不这么说，别人都跟着担心她。而且，这么说出来，时间长了，次数多了，心理上就默许它为真的了，好歹有个心理安慰，这叫自我安慰效应。

夜晚的风凉凉的，偶尔有风吹过树叶的沙沙的响声。

小西听到背后有朝她跑过来的脚步声，她觉得头皮都麻了，有股冷气直往头上蹿。

小西很害怕，肩膀却被人猛拍了一下。她吓了一个哆嗦，差点喊救命。

过来自告奋勇保护她的人，就是魏明军。

"嘿！吓到你没？"他笑嘻嘻地问，"我刚在电影院看了场描述英雄的电影，走出电影院，忽然想到你，就跑过来想要英雄救美了。"

"谢谢你哦！"小西被他吓了一跳，又赶紧道谢。

他把她送到宿舍门口，看到她推门进去，才放心离开。

起初，小西以为他只是偶然路过，看电影也不可能天天去看。所以，她没想太多。可是等到次日，他又跑过去陪她，一日又一日，时间长了，小西渐渐开了窍，她晓得他是刻意过去保护她的。

他天天过去，陪她回宿舍。

4

研究生录取通知书终于下了，小西如愿以偿考上了自己理想中的学府。踏上火车的那天，宿舍的几位好姐妹纷纷跑过去送她，每个人手里还拎着一个大大的包，都是送给小西的。

在火车站告别的时候，室友一个个同她拥抱，嘴里说着无尽祝福的话语，大家个个泪眼蒙眬。每个人都笼罩在忧伤又不舍的情愫里。

室友们纷纷叮嘱小西,进了更高的学府,以后的前途终于可以有了保障了,千万不要再继续那么拼了,一定要好好爱惜身体。又反复叮嘱她以后多多联系,千万不要忘了几年同窗友谊。

　　小西哭得跟泪人似的,不停地说会的会的。

　　离别总是伤感的,尽管这样的场面已经在生命中经历过许多次。可真的身临其境,再多次的奠基,都没什么用。

　　室友帮小西把包裹放到火车上,才同她告别,她坐在临窗的位置上,穿过透明而摇动的玻璃,同她们挥手告别。

　　车子开出去很远很远了,小西才将视线扭转过来。她刚低下头,手机响个不停。

　　打开看,全是室友发来的短信:

　　"小西,对不起。以前我打心底里看不起你。觉得你就是一个书呆子,除了看书,什么都不懂。后来慢慢地,我才发现我错了。你善良、温柔、有爱心,从不跟人斤斤计较。你有许多优点值得我学习。希望得到你的谅解,我们终生为友,且行且珍惜。"

　　"小西,亲爱哒! 我要向你说一声对不起。为什么? 可能家境宽裕,让我对第一眼见到的你,一直有点小轻蔑。你不知道,你第一天踏进宿舍时,整个人有多土气。我本能地以为我们之间有很大的距离,不可能成为好朋友,所以后来一直疏远你。现在,我想对你说,肤浅是成长的励志铭,我会向你学习的。"

"小西，谢谢你每天为我们所做的一切，谢谢你的用心，谢谢你的美丽和善良。希望善良而美丽的你，在新的天空下，继续勇敢地飞翔。"

"小西，我忘了告诉你一个秘密，你可能已经现在进行时了，我们的校草魏明军同志喜欢你。你知道吗？"

……

小西望着这一句句感人肺腑的贴心话，心上如同开了道暖流。

也许，她们曾经有过诸多的摩擦或不信任、不友好，或者不理解，只是，那又怎样呢？美好，总是存在不美好之中的。

5

下了火车，刚走出大厅，路边一辆红色的汽车"嗖"的一声朝小西这边靠过来，稳稳地停在距离她几厘米的位置上，不近不远。

车窗摇下来，一张熟悉的脸先朝她吹了个口哨，打了声招呼，然后那个人迅速下了车。立即弯腰帮她把所有东西先放到车里。然后才立直了身子，笑嘻嘻地对她说："走吧，美女，我送你！"

两个人的感情早已经稳定，面上却是风轻云淡的笑容。他们的约定都兑现了。

约定是，她凭借自己努力考上理想学府，毕业后留在北京。他回北京接管家族生意，好好学习怎么管理公司；如果她考不

144

上,她卷铺盖回老家农村,他则跟随她回农村下地干活。之所以魏明军敢赌这么大,因为他料定小西不舍得他跟她"吃苦耐劳"。这一点,是他吃定她。

其实小西又何尝甘心赢他呢? 她原本就有自己的理想。

"以后不要开这种车去学校找我,太张扬了。"小西躺在后座上,这会儿浑身舒服极了。

"我懂得为什么。"魏明军说,"那我以后就开三轮车过去,这样,你就不用担心我被别人拐跑了。"

他们两个扑哧一笑,默契十足。

那是确定恋爱的那天晚上,她问他:"你喜欢我什么? "

他回答:"喜欢你不完美,你傻,你只会用功学习,你不介意别人的眼光,你什么都不怕。"

那天晚上的月色薄得如同轻纱, 美轮美奂的轮廓和楚楚动人的倩影,暗蓝的天空星辉点点,犹抱琵琶半遮面的女子,翩翩风流少年的爽朗灿笑,一切都那么美好。

不是所有的人的一生都那么完美。有些或者出身卑微,从无改变;或有被误解的泪、不良善的对等;或危境突如其来,猝不及防;或孤军奋战,挑灯夜读,无人鼓舞;或寂寞的夜晚,无人陪伴;但是假设你不去放大这些不完美,完全地忽略它,坚定不移地做自己,努力走自己该走的、想走的路,风雨过后,这个世界就会还你以彩虹,赠你以余香。

第四辑

一个不经意，
你的笑容就成了谁的整个世界

他喜欢她红梅傲雪的骨气，他不需要她多么美丽，只要她安稳倚在他的怀抱之中。当他将白兮越所有伤害皮肤的化妆品通通锁起来的时候，他在她眼中帅气极了，像是杜拉斯笔下那个极英俊的男人，口口声声说着："我更爱你现在备受摧残的容颜！"

我们可以没钱,但不能认为自己穷

黑白格的时间

我们现在没钱,但是我们不是"人穷志短",所以算不上贫穷,只能说这是成长路上的一种磨难,面对磨难应该是整理戎装,重新出发。

没钱可以是现实,但说"穷"是没有骨气。

有骨气的人可以说我没知识,但我有力气;我没好身板,但我有好脑筋;如果什么也没有,我还有不怕吃苦,不怕流泪,不怕流血的品格,它可以让我在跌倒很多个跟头后,从头再来。

作为年轻人的我们可以没钱,但是不能认为自己穷,这是原则,不服输的原则。

1

我去超市买东西,收款台一个可爱的小姑娘和爸爸在吃冰糕,小姑娘说:"爸,你吃得太快,应该像我这样,用舌头舔,这样才好吃,才慢,才有滋味"。她爸笑笑说:"小时候我比你吃得还慢,直到化成水,喝甜水。"小姑娘笑话爸爸:"你好傻,为什么?"他爸说:"以前穷,没舍得吃。"

以前穷,什么好吃的都舍不得,可舍得,有舍才有得。

我们姐妹三个,每人间隔二岁,我是老大,每次爸妈发好吃的,我都利索地吃完,然后看着大妹和小妹舔着吃,含着吃,嘬着吃,躲着吃,藏着吃,我就紧跟着,生怕跟丢。

跟大妹央求,让我尝尝,我猪八戒吃人参果真没尝出什么味,大妹犹豫半天给我点。

我再向小妹央求,让我尝尝,我带你偷酸杏、摘青枣、拔胡萝卜、找棉花地里的甜瓜吃,小妹给我好多。

那时正赶上计划生育,我家正门都被贴上封条,用锁锁上。

当时我不明白,是不是我家犯了十恶不赦的大罪,罪不容诛,老爸被村里人拉走关三天,不交罚款不放人,我们家借米借面打白条写凭据,好不容易才把罚款交上。

常言说救人于水火,后来同村的人也碰到这个问题,家里情况刚刚好点,老妈看不过眼,心疼人家,感同身受这个词真是有号召力,老妈把半年的积蓄都借给人家,没想到人家带着三个闺女和一个新出生的男孩跑路了,一晃很多年,家也不要了,老爸老妈也不管,在传宗接代的重大使命面前,什么都是次要的。

我家的钱打水漂,我妈还被冠上同犯之名,委屈啊!七月飞雪,天大的冤情,比窦娥还冤。

妈沉默整整一年,后来别人有难,她还帮,偷偷的那种。

2

用余力帮助别人,同样是无视"贫穷"的一种方式,更是做人的一种态度,过不完这一辈子,就有多少力出多少力,看到老弱病残孕能帮就帮,没钱用心也行,实在没有,说句热乎话也可以。

《太阳的后裔》中男主角说,我只帮三种人,老人,妇女和孩子,我们也可以这样说,多豪迈,多有骨气,说出来做出来肯定有人给你竖大拇指。

我们家穷了很多年,现在还是很穷,虽然我们没钱,但是我们都有知识和技能,能在社会上生存下去,衣可蔽体,食可果腹,不做亏心事,善待他人,努力奋斗,只争朝夕。

有个年轻人,认为自己没钱,乞讨容易,钱来得快,脸都不要干这个营生,很多人都嘲笑他,大高个,粗胳膊,就算给人扛包裹也能糊口,干吗去干这个。人从他身边经过,满是鄙视的目光,甚至走远后还朝他吐口水,他转念一想,这样不行。

于是他假扮残疾人乞讨,谁知道很多人都发善心。有次到我们那,我们给他馒头,他说不要,我只要钱。

你要钱,我们还要钱呢。

后来他找到一个伙伴,一起行骗,在繁华街道的十字路口,一人躺在木板上盖着脸,身边竖个牌子说病重,他在前面不停地磕头,磕得那个实在劲,额头都红肿透着血丝,好多人都信了,还给钱。

没几天记者好心采访他,要帮助他,人家不慌不忙地说不必了,脱掉行头,起先是趴着走,然后站起来,去厕所换身干净衣服打个出租走了,完全无视记者的录像。

我们劝大家擦亮眼,别被人骗,可对方骗术太高,让真有难处的人没人敢帮,让假受难的恶人得逞,于是我们相信新闻报道,相信爱心慈善,相信慈善大使,相信世界上还有最穷的村子,最穷的学校,最穷的人生,于是建希望小学,流动图书馆,修井修路,很多人都在充当志愿者、义务员,上山下乡,从教从医,只为出一点微薄的力量,帮助需要帮助的人。

不屈从,不虚荣,不鄙视,不羡慕,今生的命运掌握在我们自己手里,上天从来眷顾多难的人生,你用肉躯抵抗现实的不公,因为你坚信你会是今后自己命运的法官,不会听从于别人的审判。

3

没有手的年轻女孩子,用脚写特漂亮的毛笔字,当场写当场包裹好,一幅字明码标价,喜欢你就买,我凭本事赚钱。她也许没有多少知识,但是她心底知道自己要什么,她绝对是心里富有的人。

八十岁的老奶奶自己裁布,做鞋样,糊鞋底,一针一线做儿时我们穿的老虎鞋,惟妙惟肖的老虎鞋跟她一起在寒风中吹乱头发,低廉的价格,简单的小摊位,日升而出日落而归,她根本不认字,她甚至连名字都不写,但是她心里的财富我们一辈子都学不完。

无须羡慕任何人,无须鄙视任何人,我们把自己的人生充满电,用知识来武装,用理智来塑造,用梦想来激励。

　　明天如若美好,我们坦然接受。

　　明天如若阴雨,我们重新出发。

　　我们不怕输,就有赢的机会。

　　这就是我们的砝码,不惧怕未知的明天,也不恐惧失败的阴影,我们慢步朝前,经过很多人的身边,年轻时的我们,乞讨的贱人,狡猾的骗子,坚强的姑娘,不给人添麻烦的老奶奶,我们或许不认识他们,但是我们认清了自己。

　　我们可以没钱,但是不能认为自己"穷"。

　　我们现在没钱,但是我们不是"人穷志短",所以算不上是贫穷,只能说这是成长路上的一种磨难,面对磨难应该是整理戎装,重新出发。

牵夹在小镇里的回忆

张　绛

那曾经的爱恋可能只是一个遥远的梦境吧？就像深陷爱情里的女子,许多时候是希望陪着一个心爱的人辗转此生,奋不顾身的,就像飞蛾扑火。

然而,她们只有在最后才会明白,飞蛾扑火注定只能是惨烈的短暂,没有永恒。

决定跟那个人分开,是在飘雪的冬季。南方的天空总是湿润的,很像她此时此刻的眼睛。做出这个决定,明知是正确的,却还是忍不住泪眼汪汪,好像一世的悲酸扑面而来。

有许多东西,毕竟不都是甜的。

她在小镇里长大。那是个四面环山,山清水秀,人杰地灵的地方,她沐浴阳光,清新率真,清秀的瓜子脸庞,如溪水一般甜蜜清澈的声音,一双眼睛透着亮,笑起来有浅浅的好看的酒窝。这么一个美好的姑娘,有一个美好的名字:笑笑。

笑笑爱笑,逢人说话,轻易嘴角一动,就是一道风景。让人看了,会情不自禁满心欢喜。她自己不知道这笑容配上如泉的声音,有多大的魔力。反正她是从没有留意的。留意的人却是他。

他叫苏洲。来自苏州。有南方人一般温和纯净的声音,不像小镇里的有些人,粗犷、豪迈。他总是轻声说话,声音绵延、婉转,淡淡的让人着迷。

听说他是一个生意人,白手起家,二十岁时放弃学业,出外流浪。三十岁起才开了这家公司。之前做过许多,都放弃了。有次还欠了几十万巨债,可固执任性的他,没有得到家里的任何经济帮助,只能执拗地打拼。

他的出走及跟家人糟糕的关系,是他们认识许久后,他亲口告诉笑笑的。他说的时候很是风轻云淡,笑容满面。笑笑那时就站在阳光里,明媚的阳光透过密密麻麻的树叶照过来,她面上是温暖的,心底却有几百个疑惑。

他就这么轻轻地笑着,诉说着。是突如其来的话题。他的思维总是很跳跃,也很敏捷。适应这个,笑笑花了不少时间。不过现在,笑笑又跟不上节奏了。她愣愣的样子,让他忍不住拍了拍她的头,说,傻丫头。

很宠溺的称谓。笑笑觉得笑不起来,眼眶有点湿润。她知道他的一些故事,还有那个偶尔从他口中说出的,但从未谋面的女人——他父母给他指定的未婚妻。他不以为然,她却记忆深刻。

有的东西就是这样,每个人的敏感神经都不一样。

笑笑觉得他笑得有点苍凉。好像一个过尽千帆的人,沉稳,豁达,满腹自信,又胸有成竹,是属于成功男人的特色。不过这种千山万水的过程,不会轻易展示给人看。除了笑笑。

笑笑问他,你后悔吗?

有个故事你听过吗? 苏洲说,京东商城的老总,当年也是辞掉了公务员,下海打拼。他换来的结果是,女朋友全家鄙视,认为他毫无前途,不务正业。这个包含了他们两个人的名字的商城,却成为他今日功成名就的动力。

他问笑笑,你觉得自己长得像奶茶妹妹吗?

笑笑根本不上网,连手机都懒得摸。她摇头,说,她是幸运的女孩儿!

苏洲忽然说,如果当年遇到你,不知你会不会看上我。

说话的意味沉浸在沉闷的空气里。笑笑心里急,却接不上话。愣了一会儿,才说,当年我也是很傻啊!

傻子一定会爱上傻子吧? 笑笑想,她爱过最傻气的人,就是那个看上去像极了钱钟书的人。小镇里的一个男老师。后来离开了,说是女友在外地。

一个男人,为所爱的女人,背井离乡,这可能才是世间最深沉的爱吧?

笑笑从没把这种心思告诉在任何人。苏洲却问她,如果你鄙弃金钱,爱上灵魂,你说不定会爱上我。说着说着,他忽然又笑了。

他的莞尔一笑,让笑笑刚刚紧皱的眉心,缓缓地舒展开了。

逗你玩呢! 苏洲恢复了他特有的微笑,如春,温暖、和煦。笑笑愣了愣,跟着一笑。她说,最好的感情就是不期而遇,没有刻意，也没有衡量。心里有感觉，就足够了！

所以你傻孩子嘛！苏洲说着忽然低头吻下去。这一吻，那么深情款款，绵长有力，好像有种地动山摇的感觉，瞬间弥漫了全身。笑笑慢慢闭上了眼睛。

那天，他陪她看了小镇里最绚丽多彩的一抹晚霞，陪她踏步潺潺小溪，陪她携手漫步林荫小道，那天的阳光温暖，裹携着清新，草地上有成群结队的人，壮观的婚礼，穿白色婚纱的新娘，和笑容满面的新郎。躺椅端正地矗立在草坪上，手拉手的男女依偎在一起。苏洲朝笑笑说，你将来愿意跟我离开这里吗？

笑笑止住极目远眺的温馨，想也没想立即答，好啊！她一转脸，苏洲眉角轻皱。

跟我可能会吃苦。我也许大男子主义。

其实他不必说，笑笑心里都明白。一个男人自己说自己大男子主义，说明他坦荡，坦荡，是因为自信。而他的自信源自他多年的自我奋斗。其实笑笑没敢说，她多想早点认识他。那样的话，她就能陪着他一起度过风风雨雨。而她只愿做他的那个温柔贤惠的小女人。

但是笑笑还没说，苏洲便走了。突然出现的两个人，张扬着狰狞的面孔，每一句话都让人无法接受，忍无可忍。苏洲就是在这种情况下，伸出了自己的拳头。在一片混沌的厮杀中，笑笑很无力地看到苏洲就那样倒了下去。

天有不测风云。她醒来的时候，苏洲走了。留给她一封信：笑笑,不要再等我了,你等的人不完整了。

笑笑发疯一样奔跑在小镇里。空气里有她无声的哭喊声。

几年后,离开小镇,凭借回忆始终寻觅不到心中人的笑笑,在逛超市的偶然间意外邂逅了苏洲。他依然是笔挺的西装,干净的面孔,灿烂而自信的笑容,身旁挽着他手臂的女人高贵端庄。

笑笑觉得自己瞬间僵硬在空气里。她迷惘的视线里,一个男人忽然望向她。世界在那时停止了。

几天后,苏洲找到她。他说,当年父母生病,他回去接管公司。那时公司已经举步维艰,需要借助友人的势力。他怕她舍不得,这些话他也说不出口,便演绎了那一幕。他却没料到,笑笑执着地找了他好几年!

苏洲一把搂住她,说笑笑,原谅我,我们重新开始吧!我会对你好的!

笑笑摇头,说不用了。我喜欢的大概是想象中的你,和陪你一起奋斗的幻想吧!

笑笑微笑着离开,远处的斜阳氤氲着,懒散地似要沉睡了过去。眼眸轻垂,脚下有丝丝细雨。那曾经的爱恋可能只是一个遥远的梦境吧?就像深陷爱情里的女子,许多时候是希望陪着一个心爱的人辗转此生,奋不顾身的,就像飞蛾扑火。

然而,她们只有在最后才会明白,飞蛾扑火注定只能是惨烈的短暂,没有永恒。

你不用害怕,一切都还来得及

张 绛

人的一生,行之匆匆,回首过往,日子过得比想象中还快。因此我们害怕老了,晚了,迟了,没时间了,我们汲汲于自怨自艾的感慨里,纷纷扰扰的复杂里,忘记了最初的自己,所以最后,我们丢失了自己。

可其实时间是很奇怪的东西,你越是珍惜它,它才会越辉煌。人生路上没有尽头,无须害怕,因为付出努力,一切就都来得及。

孩子读小学时,成绩很差,父母叹气说:"这孩子不聪明,不是学习的料。"

孩子到了中学,成天打架,父母叹气说:"这孩子越学越坏,心思全不在学习上,没救了。"

孩子读完高中,成绩仍旧一般般,父母叹气说:"这孩子考不上大学,将来没什么出息了。"

读小学成绩不好的孩子,到了中学后,也许会考到全年级前二十名的成绩。我身边就有一个这样的同学。小学时寂寂无闻,到了中学,忽然发奋刻苦,成绩噌噌往上蹿,与全年级第一名的同学报考同一所重点高中,结果第一名理所当然考上了,她也考上了。她和第一名之间原本差着一个银河系的距离,现在呢,近在咫尺。

读中学成天打架的孩子,到了高中后,忽然发现自己有个特殊的本领,跑步快,踢球好,个子蹿得高,篮球也打得好。在宽阔的操场上,他矫健高大的扣篮身姿,瞬间迷倒了最美的校花,还有背后一大群艳羡不已的校草。代表学校参加比赛,一不小心拿了奖,顺顺利利地以特招生的身份,迈进了适合自己兴趣特长发展的大学校门。

读高中成绩一般般的孩子,因为厌恶极了数理化,每节课躲在抽屉里看小说。看着看着,灵感来了,笔杆子强了。学校校报上到处都是他的文章,连老师都忍不住竖起大拇指。参加了一个新概念作文大赛,轻轻松松拿了一等奖,一鸣惊人,连带着以后找工作也不用愁了,当了作家,甚至从此成了家喻户晓的名人。在别的同学还在辛辛苦苦地跑人才市场时,他的面前已经铺满鲜花,羊肠小道,宽阔马路,给他自由,任其选择。

在生活中,总有些人喜欢叹气自怜:哎呀,我真的不行了,老了老了。

或者:哎呀,晚了,晚了,真的不行了,没救了。

我们因为太过于苛求某一样东西,所以就把东西僵固化,就好比人的大脑停止了运转,到最后,刀不磨,生锈。人不学习,落后。

自古以来,自甘堕落的后果就告诫我们:生命不息,奋斗不止。没有人能随随便便成功。想要成功,在前进的道路上,必须有舍我其谁的勇气与魄力。

二十岁时,心里想着,大好年华,何不潇潇洒洒?学会了吸烟喝酒侃大山吹牛,举止轻浮,就是不愿老老实实脚踏实地去做一件事。

三十岁时,心里怨着,怎么青春一晃眼就过去了? 时光总是那么匆匆,让人还未来得及喘息,就已经想要窒息。哎,已经到了三十而立的年纪,却忽然发觉自己一无是处。廉颇晚矣!

更不要说,四十岁,五十岁,六十岁。

而往往,我们的生活不足够抵达内心所希冀的精彩,都是自己裹足不前,自叹自怜,自我打击所造成的。

其实哪有那么多老了、晚了?

这里有一个让人瞠目结舌的例子。

她的名字叫摩西奶奶,她生活在美国的一个乡村。像世界上任何的普通家庭主妇一样,她操持着家务,养育着十个孩子。她热爱大自然,喜欢刺绣。可是由于76岁那年得了关节炎,她不得不放弃刺绣,开始绘画。80岁那年,她在美国举办的画展,引起了不小的轰动。100岁那年,有个日本年轻人写信给她,他是不是该放弃那份稳定但令人厌恶的工作,而一心一意地投入写作中去?摩西奶奶回信说,做自己爱做的事。后来我们都知道,这个年轻人名字叫作渡边淳一。

晚年才开始绘画创作的摩西奶奶,留世 1600 余幅作品,在全世界范围举办了数十次画展,半个世纪以来,她的创作穿越了国界,从美国蔓延到全世界。

摩西奶奶的故事告诉了我们什么?

人的一生,行之匆匆,回首过往,日子过得比想象中还快。因此我们害怕老了,晚了,迟了,没时间了,我们汲汲于自怨自艾的感慨里,纷纷扰扰的复杂里,忘记了最初的自己,所以最后,我们丢失了自己。

可其实时间是很奇怪的东西,你越是珍惜它,它才会越辉煌。人生路上没有尽头,无须害怕,因为付出努力,一切就都来得及。

不仅要丽质,还要励志

花底淤青

寂寞岁月不饶人,蹉跎了容颜之后,依旧会存在那样一个人,他像古老史诗般爱你,化作深爱的归鸿,千里万里,为你翻山越岭而来,不因秋冬凛寒远去,倾尽温柔赋爱。

杜拉斯的《情人》开篇描述了一段幸福场景。一个英俊的男人对一个苍老的女人说:"我觉得你现在比你年轻的时候更美。那时你是年轻女人,与你那时的面貌相比,我更爱你现在备受摧残的容颜。"

白兮越一直觉得这句话像是在说她自己,既励志,又丽质。

自从她顶着"白兮越"这个极似小说主人公的名字上学后,就没少受冷嘲热讽。因为她没有一张女主角该有的漂亮脸蛋儿,而且左脸颊上还有一块硬币大小的褐色胎记,所以不管是张红、李绿都来笑她,落在她身上的目光大多是嫌弃。老师在她成绩下降时,总会严厉批评她,一定是心思不在学习上,一定是上课不听讲,一定是做了学生不该做的事情。是啊,连白兮越也觉得自己明明长得像只留着黑斑的孱弱小白鼠,学习无能、体育无能,还偏偏糟蹋了一个好名字。

你看,只要长得不好看,全世界都在黑你。

自然而然,白兮越的初中生活在满满的自卑之中度过,永远像是个透明人,没有人看得见她,周身只有两个词,"路过"与"被路过"。

而白兮越的同桌,是个气质极佳的可爱女孩儿,同样是近视,那女孩儿的眼睛却是亮晶晶的,说起话来喜欢盯着对方的眼睛看,神采奕奕。女孩儿每天吃着暗恋男生送来的早餐,经常下课时,还有人递来一杯热腾腾的珍珠奶茶,或是一小袋甜丝丝的透明糖果,反正好处不绝。

她偶尔吃不下,就与白兮越分享,一边说:"随便吃,他们请客。"而女孩儿成绩下降时,老师会特意去安慰她,这孩子一定是粗心大意,一定是会写的题都没有考好,一定是个意外。然后,女孩儿从办公室出来,方才的楚楚可怜瞬间变成喜笑颜开,她朝白兮越眨眨眼。

你看,只要长得好看,全世界都在爱你。

人常说,表面之下是善良纯洁又美好无瑕的心灵,其实白兮越心里一丁点儿感觉都没有,就像她写篇五百字作文,还要翻两个小时的作文书。她很清楚地知道,"愚钝"两个字怎么写。

临近中考时,在那段暗无天日的日子里,白兮越全心全意扑在学习上,连她暗恋许久的副班长也被她抛掷脑后。毕竟,副班长总是刻意绕过她的桌子，直接隔着她与同桌女孩儿言笑晏晏。

白兮越告诉自己，爱美之心，人皆有之，这些都不算什么。

但是，当同桌女孩儿过生日的那天，白兮越真的难以忍受了。那女孩儿与白兮越的生日只相隔一天，一个月前就听同学陆陆续续地来问女孩儿："你想要什么礼物，娃娃好不好？那种特别大的玩偶。"

要说白兮越不羡慕，那绝对是假的。后来，女孩儿不知是好心还是假意，副班长来问她的生日时，她告诉他："过几天也是白兮越的生日，你怎么打算呀？"副班长默不作声，然后忽然跳过这个话题。

白兮越在心中反复念叨：没关系，只要忍住眼泪，我就不会难过。

再后来，女孩儿的生日礼物多到双手都拎不下。从来不懂拒绝的白兮越乖乖帮女孩儿拎了一整路，以至于回家时已经很晚了，被父母教训一顿。

轮到白兮越的生日，孤零零的，没有人送礼物，只有一两个知情人对她说生日快乐。同桌女孩儿从男生送她的零食之中挑了一袋颜色和白兮越一样灰粗粗的糖果，塞给白兮越，就像塞给她一个充满讽刺的美好。

糖果是甜的，心情是苦的。

毕业时，白兮越不上相，连毕业照也是同样丑陋，她望了一眼副班长,副班长正在望着同桌女孩儿。听说,女孩儿与副班长已经在一起了。

不知怎的,白兮越跳出幼稚的初中时代后,仿佛忽然明白一切。孱弱与内向不会有人喜欢,也别指望别人能发现丑陋背后的美丽。

命运似乎与她开了一个玩笑。

母亲带着白兮越去做了激光手术,左脸颊上的褐色胎记被仔仔细细地处理掉,等到卸掉纱布的那一刻,她看见白白净净的脸蛋儿和许久不见的笑容。其实,白兮越的五官本就精致端正,换了利落清爽的发型,再将宽松的深色运动服改成小碎花连衣裙,此刻像极了丑小鸭变白天鹅。

她不是小白鼠,而是小白兔。

等升入新校园后,白兮越开始努力学习,成绩优异,相貌极佳,忽然就受宠起来,万众瞩目一般,多得是同学主动来与她说话。白兮越开始学会扬起头对待人,再不会将自己低到尘埃里去。

雨天,忘记带伞,有人想送她,她拒绝。

饿了,别人主动送来零食,她拒绝。

生日,打着送礼物心思前来的人,她拒绝。

白兮越从不过生日的习惯还没有改变,她几乎要将生日给忘记了。生日的意义是什么?送娃娃、玩偶、鲜花……那些一年四季都不缺的礼物,你看,多么虚伪。

白兮越照旧不喜欢说话,不是害羞,而是懒得说话。大家开始讨论这个冰山女神,没有人再说她是"小白鼠",但她一刻都没忘记作为"小白鼠"的日子。

三年一度的初中同学聚会,白兮越扎着高马尾,穿着清新的草绿色连衣裙,斜挎一个毛茸茸的可爱小包,然后一蹦一跳地出现在往日同学面前。白兮越耳边的头发被风扬到脸颊一侧,她听见他们惊叹:"这是白兮越啊? 变化好大! "

面前的同学都很陌生,白兮越已经记不得几个,不是因为她记性差,只是本身就没接触过几次。她扫了一眼,一抹扎眼的殷红出现在自己面前。染黄的似稻草般的枯发杂乱地披散在瘦骨嶙峋的肩上,踩着五厘米的高跟鞋,眉眼的烟熏妆让五官模糊不清,红唇显得格格不入,裙子显得她分外老气。

殷红的身旁站着许久未见的副班长,他似乎变得沧桑一些,他看见白兮越望向他,急忙把挽着自己胳膊的殷红推开。

白兮越是认识的,那抹殷红就是同桌女孩儿。

寻了一个小型 KTV,大家坐着聊天,副班长对白兮越分外热情,一会儿倒饮料,一会儿找她合唱。白兮越不用绞尽脑汁想话题,这些事情交给了副班长。

同桌女孩儿以为自己该是万众瞩目,却被排挤到角落里,她兀自取来话筒唱起来,同学们都捂着耳朵。唯有白兮越的目光时常落在她身上,是从什么时候起,她们的身份互换了?

"白兮越,你的手机号是多少?"有一人拿了手机过来问她,然后所有人一窝蜂地抢着要白兮越的联系方式，她的通讯录突然多了许多人,从前可没有人想到要她的联系方式。

副班长在聚会结束后当天就和女孩儿分手了，然后猛烈追求白兮越。白兮越想也没想就拒绝了,没有任何过渡。副班长不死心,追问她因由。白兮越说:"可惜你没有早一点喜欢我。"

她不缺爱,也不是整日叫嚣着没人来爱的小女生,她更不会委屈就哭、生气就闹,甚至她从来没有当着别人的面哭过。白兮越想要的是独自一人活得满足,也追求着不看脸的真实感情。

世上哪有无条件的爱情? 要么励志,要么丽质,白兮越说她两样都要拥有。当副班长甩开女孩儿的手时,白兮越就知道,这个看脸的行为早已大错特错。

有时候大路朝天,各走一边,纵然时光如梭,一日日过去之后,好像什么都没改变,但只要你回头看时,就已经是沧海桑田,而希望、坚持与努力,可以换来沧海桑田的美丽。

多年过后,白兮越嫁给了一个普普通通的男人,人们都好奇这样一个质朴男人怎能获得她的芳心，她却说:"他是这世上最难得的人。"

男人追求白兮越的时候,没有玫瑰花攻势,也没有金钱权势的诱惑。男人只在她需要一杯水的时候注重温度,在她挑选衣服的时候注重布料，在她踩着高跟鞋嗒嗒作响的时候给她换上柔软的平底鞋。

他喜欢她红梅傲雪的骨气,他不需要她多么美丽,只要她安稳倚在他的怀抱之中。当他将白兮越所有伤害皮肤的化妆品通通锁起来的时候,他在她眼中帅气极了,像是杜拉斯笔下那个极英俊的男人,口口声声说着:"我更爱你现在备受摧残的容颜!"

姑娘,你不仅要丽质,还要励志! 唯有如此,寂寞岁月不饶人,蹉跎了容颜之后,依旧会存在那样一个人,他像古老史诗般爱你,化作深爱的归鸿,千里万里,为你翻山越岭而来,不因秋冬凛寒远去,倾尽温柔赋爱。

一个人的梦想也许不值钱,但一个人的努力很值钱

安如墨

没有比脚更长的路,没有比人更高的山。

只要肯努力,你想要的都会拥有。

上个礼拜为庆祝周同学做了某公司的业务总监,我们搞了个聚会,大家举杯同庆之时,聊到梦想这个话题。

同学 A 说:"我的梦想很简单,看尽山山水水,走遍大江南北。"

同学 B 说:"我的梦想也简单,像周同学一样,从小职员晋升为业务总监,再晋升到子公司,成为股东。"

这时,同学 C 浇上一盆冷水,说:"不是每个人都能成为上市公司的股东的。这需要资本,若是没有就把它当作梦想吧!"然后是大家的一片附和及哄笑。

关于梦想,我相信每个人都有,可说来说去,大多数人都只是说说而已,真正倾尽全力为之努力并付出行动的少之又少。

看着包括 B 同学在内的那些笑脸,我突然有些难受。其实 B 同学现在还年轻,而且自身条件也不错,我觉得只要他稍稍努力,这个梦想并不是笑话。

我们可以嘲笑梦想,但不能嘲笑努力。因为一个人的梦想也许不值钱,但一个人的努力很值钱。我觉得我应该说些什么,为了这片笑声,更为了不辜负每个人心底的梦想。

　　就在这个时候,我想起了林蕴涵。

　　当我把林蕴涵的故事告诉同学时,席间一片寂静。

　　我相信,在场的每一个人都在沉思,但我更希望的是在沉思后能得到升华,而不是只是一时的感慨。

　　其实每每谈起梦想,我都会情不自禁地想起那个叫林蕴涵的女孩。

　　林蕴涵是典型的南方人,模样乖巧,五官精致,身上还有种与众不同的气质,让人特别想去亲近。我们公司的每个人都喜欢她。

　　好奇的我想知道她身上究竟有什么吸引人的地方,便开始特别留意她。但一段时间过去,除了发现她对工作的认真与敬业外,我好像并没有看出她有什么不同。

　　那是一个偶然,我无意间在休息室看到了林蕴涵跳舞的身影,那情景美得无法用语言来形容,我这才知道那就是她与众不同的地方。

　　从那以后,林蕴涵会跳舞在公司里传得人尽皆知,公司有什么活动也会让林蕴涵献上一段舞蹈。

　　本就有人缘,再加上多才多艺,林蕴涵成了公司备受瞩目的对象。不光是男同事有意无意地献殷勤,就连许多女同事都毫不各啬地夸奖她。

可林蕴涵从来没有因此而有所骄傲，她更加低调，每天重复着她的工作，三点一线，从不改变。

低调、奢华、有内涵，我想这些词用在林蕴涵身上真是再恰当不过了，我喜欢那样的人，很想和她成为朋友。

前段时间，公司分给我们一项任务，需要两位组员协助完成，我很荣幸地与林蕴涵分在了一组，也是因为这个工作的接触，使我终于有机会和林蕴涵成了好朋友。

渐渐相熟，我们两人开始互相打趣，我常常笑说："你的舞姿真好看，肯定下了不少功夫吧？"

没想到林蕴涵却说："说实话，我以前从不觉得自己的舞姿有多么夺人眼球，相反我觉得那时每天被妈妈逼着去学习舞蹈，是很痛苦的一件事，也许你无法想象，小小的年纪，一个动作反得练习几十遍甚至上百遍，是多么枯燥的一件事。"

林蕴涵告诉我，为了不去练习，她小时候最常做的事便是装病，可东窗事发，她的后果不用想都知道，一顿暴打不说外加罚跪不给饭吃。

都说她人小鬼大，果真不假。从那后，林蕴涵改变了方式，再也没缺一堂课，只是人在心不在，天天跟在人群堆里滥竽充数。

林蕴涵说，她喜欢上舞蹈是一次偶然。那天学校要去参加市里的某个节目，本来她只是一个小小的配角，但是表演那天，出发前主演发生了意外,崴伤了脚,编导临时让林蕴涵替补。

她说,从节目开始到最后,她头脑一片空白,只记得按部就班地完成该有的动作。可在节目结束的那个瞬间全场响起的掌声,让她第一次意识到,原来自己也可以这样优秀。

渐渐地,她喜欢上了舞蹈,开始认真练习每个动作,无论老师要她重复多少遍,她都乐此不疲。受伤,她不怕,伤总会有好的时候;摔倒,她不怕,摔倒不过就是两脚一蹬,站起来的事;一直重复一个动作,她不怕,重复不过是精益求精的表现。

她说:"我很感谢那时的努力与父母的严厉,让我因为独有的气质在每一个新的环境中都能倍受瞩目。"

本来和这样独特的人做好朋友是很快乐的事,但遗憾的是她没有做很长时间,一年之后,她辞职离开了。我问过她离开的原因,她的回答很简单,她说:"这里的工作是好,但没有更大的发展空间,在追梦的年纪,应该努力去追梦。"

她的梦想我是知道的,她曾和我说过,她特别喜欢做摄影工作,在来这里工作之前,她有给专门从事摄影工作的地方投过几次简历,但他们给的答案都一样,让她做模特。

好的外形加独有的气质,做模特是最好的选择,但她不愿意,便选择了放弃。如今她想得很透彻,人生没有能与不能,只有做与不做。

因此,她毅然选择离开,我能做的只有送上祝福。

　　自从林蕴涵离开后,我和她除了在微信上偶尔聊一聊,关注下朋友圈,几乎没有太多的联系。

　　但是从她朋友圈发的内容中,我看到了她的努力与成功。

　　最近有一句话很火:一个人的梦想也许不值钱,但一个人的努力很值钱。

　　莫名地,我又想起了那个叫林蕴涵的姑娘,她很努力,我相信她最终可以完成她的梦想。

　　年轻如我们,有多少人是空有梦想,没有努力的。我相信有很多。

　　是的,每个人,不管你想拥有什么,只有努力才是你最应该做的事,不要相信天上会掉馅饼,有梦的人,都会有成功的一天,就看你够不够努力。

　　你有梦吗? 如果有,请为自己的梦想努力,那英的那首歌唱得很好,山不转水转,水不转人转,人不转心也转,没有留不住的谁,没有搬不动的山,没有钻不出的胡同,没有结不成的缘。

　　就连彩虹也要等大雨过后才会出现,所以我们能做的就是努力为自己的梦想奋斗。也许我们在奋斗的时候会遇到阻碍,会受到质疑,会得到批判,但我们一定要牢记,一个人的梦想也许不值钱,但一个人的努力很值钱。

　　我一直都相信,没有比脚更长的路,没有比人更高的山。

　　只要肯努力,你想要的都会拥有。

有些路,终究需要一个人去走

张　绛

有些人,一生都像在登一座高峰,四周是悬崖峭壁,夜幕四合,周围的朋友此时一个个全部下了山,不见了,他们慌了,怕了,呐喊着,哭泣着,孤立无援,踉踉跄跄,最终只能靠自己,一步一步,一步步　踩着刀尖,在沾满血的这条漫漫道路上,在泪水与执着中,咬牙切齿地坚持到了天亮。

1

林给我来信,颇为平静地说,她出了本书大约一百万字,不久就要被拍成影视剧了。

恭喜。兴奋吗? 我都替她激动不已。

好像也没什么。她依然寡淡,到了今天为止,我才猛然发现,原本以为出书对我来讲,是这辈子最快乐的事。事到如今,猛然发觉其实不是。最快乐的事,原来是经历出书这几年的过程。

我望着她发过来的这几行字,久久不能平静。内心像有无数股绳子拧成一团,弄得我泪眼盈眶。

2

六年前。林在苏州的一所大学毕了业。踏出青春校园的她,还是怀揣着美好梦想的文艺女青年。那时候她在校报上发表过一些文章，算是学校的一个小名人了吧。但是出了校门，谁也不认识她。在找工作的道路上，她并没有一帆风顺，而是受尽了挫折和冷眼。

黑压压的道路上黑压压的人群。那个晚上她有点沮丧地给我打电话，带着点哭腔，她问我："为什么找个工作那么那么难？"

我安慰她："不用着急，是你的，终归会到来的。急不来的。急来的也不见得是好的。"

她走投无路了。只好听从父母之命，回到了老家。她老家在一个小镇里。青山绿水，环境怡人。但是古朴落后的生活，让她无所适从。她有自己的理想。

干了半年，这种生活方式让她实在忍无可忍，于是向父母说出自己想要出去闯天下的想法。

哪知父母情急之下撂了狠话给她："像你这样的大学生已经满天飞了。现在研究生都不值钱了。你有什么特殊的才能吗？有高人一等的背景吗？没有！孩子，我们活得现实一点，好不好？你是女孩子，有个稳定的工作，将来找个好男人嫁了，不是很好吗？"

她父母起初是安慰的，后来彻底被林的态度激怒了，就变成了："你如果还是不听劝，那好，你走你的独木桥，离开家之后就再也不要回来！你生活的一切费用自己凭本事去挣！我们彻底没有关系!"

林是含着眼泪在大半夜偷偷溜走的。

在她最落魄的时候,曾经一天干好几份小工。夏日里,顶着火辣辣的太阳,任毒辣的阳光把她美好白皙的皮肤晒得黝黑又粗糙。她告诫自己,毕竟,生活是残酷的,梦想是遥远的。

那个时候她一块面包分三顿吃,一包面包可以吃一周。整个人瘦成一条电线杆,风一吹,似乎都可以被吹走。

我跟她网上聊天,偶尔会给她寄去一些零食。在她最困难的时候,我问她:"你想放弃吗? 你家人其实是用激将法,他们舍不得你走,希望你回去的。"

林很坚定地告诉我:"姐姐,我做不出成绩来,绝不回去!"

她有这样的心,我知道,终有一天,命运会给她敞开一条宽阔的大门,因为不负理想,不负人生的人,连上天都会被感动。

3

跟林相反的枫则不同。她一出生就含着金钥匙,是家里的千金,父母对她真是含在嘴里怕化了,捧在手里怕碎了,她从小在父母的嘴里就是一口一个"宝贝肉疙瘩"!

枫有几个哥哥,性格都闷。她是父母千盼万盼得到的,偏又生得俊俏,性子活泼,因此深得父母宠爱。枫长到二十三四岁,连盛饭,剥鸡蛋都不会。有次去一位父亲的朋友家做客,一桌子人都在夸她,碰巧主人家的小孩子过来要吃桌上的煮鸡蛋,就站在她身边。她拿起来，直接递给孩子，嘴里喃喃嘀咕："这鸡蛋跟我平时吃的怎么不太一样？"然后一桌子人个个闷不吭声。

回来的路上，她父亲铁青着脸，大概意识到了自家闺女在友人心里的形象。其实那天是瞒着她，带她过去相亲的。对方家里的男孩子，长得一表人才，名牌大学毕业，又是留学归来，彬彬有礼，是难得的乘龙快婿。两家大人原本都商量好了，却被枫的一个负分行动直接打得对方男孩子落荒而逃。

自那以后，枫的父母亲便开始要求枫学着做自己的事情。比如自己做饭，自己刷碗，自己买菜，自己择菜，自己洗衣，自己打扫卫生。但是枫认定这是父母不再爱她了，哭得稀里哗啦的，嚷着要离家出走。

枫的父母百般无奈之下只得由着她去演场好戏。果不其然，到了傍晚，她自己回来了。

虽然自此以后，父母没再强迫她。但是心头始终有一块大石头压在胸口窝里，像给自己戴上了铁镣。

枫后来出了国。临别的那天她兴奋无比，父母的眉头却是紧锁。

五年后，枫回国。回国的那天她笑容满面，父母亲却喜极而泣。

彼时的枫，手臂上缠着一个英俊潇洒的男子，不仅有俊逸舒朗的外表，还有彬彬有礼的谈吐。即便是五年过去了，枫的父母还是那么记忆犹新。好友的儿子，到底还是被自己的女儿捕捉到了。只是,这时间花了整整五年!

　　枫扑倒在母亲的怀抱里,哽咽地说:"妈,如果不是你们当初狠心让我出国,可能我就不会遇到他。不遇到他,我就不知道原来我那么让人讨厌。我长那么大,几乎什么都不会,衣来伸手饭来张口,矫情又造作。妈,我真是不孝顺的女儿。"

　　出去一趟,枫终于长大了!

4

　　幸福跟梦想,看上去都是遥不可及的。因为它太美好,太灿烂。太美好灿烂的东西,我们会觉得稀缺。然后问自己,这么稀缺的东西,怎么可能就会落入自己手里呢?

　　于是,大部分人像鸵鸟一样,活在自己编织的恐惧里。然后,自我安慰地选择了安逸与平稳的生活,慢慢学会说服自己,学会不再羡慕别人,最终在自己编织的谎言里沉溺了自己。

　　而有些人,一生都像在登一座高峰,四周是悬崖峭壁,夜幕四合,周围的朋友此时一个个全部下了山,不见了,他们慌了,怕了,呐喊着,哭泣着,孤立无援,踉踉跄跄,最终只能靠自己,一步一步,踩着刀尖,在沾满血的这条漫漫道路上,在泪水与执着中,咬牙切齿地坚持到了天亮。

　　那个时候,阳光明媚,晨光充足。

就这样,骄傲地活着

玉凡瑶

挣扎的内心好似在这一刻才懂得,你不坚强,谁替你实现梦想？你不努力向前,又怎能将脚下的步伐走成花开的模样？

面对变幻莫测的世界,我们曾伤过,痛过,哭过,笑过。但人生本是如此,爱恨离愁,都将在刹那间成永恒。定格成一幅叫生活的图画。

在清浅的时光里,其实岁月根本经不起等待。所以我们要学会感恩,感谢每一次重逢与相遇,骄傲地活着。在来得及的年华里,绽放出最美的你。

1

每年夏天,岸秋都会去青海湖看油菜花。远远望去,天地交织在一起,像一幅刚落笔没有晾干的泼墨画。对这大片大片的金黄,她一直有着特殊的情结。

喜欢画画,也爱文字。读者都说她的文字鲜嫩,像当季的蔬菜,红的番茄,绿的辣椒,清脆爽口。

就是这么一个女孩儿,竟然一直没有恋爱。或许也曾爱过,只是此刻,经历了沧海桑田后,她还是一个人站在青海湖畔,畅想着她那糖果般的爱情。

遇到文昊的时候,青海湖正在下暴雨。他们的相识像所有背包客的邂逅,简单纯粹,又带着些云淡风轻的喜悦。

那场雨,咆哮得那般突然而又陌生。忙着避雨,竟不小心将爱撞进了彼此的视线里。

就在岸秋最狼狈不堪的时候,文昊开车从她身旁经过。车子已经滑出去很远,却又慢慢地退了回来,退回到一种叫幸福的世界里。

一时间,爱的酵母在春天里,汩汩地蒸腾、萌发、绽放。爱情就这么来了。

有初遇时的羞羞怯怯,更有一见钟情的波澜壮阔。

可当岸秋陷入狂热的爱情当中时,才发现文昊竟是一个骗子,情感的骗子。他经常游走在风花雪月之间,而岸秋只是他另一个胜利果实。

尽管他曾信誓旦旦地说:"爱你胜过爱我自己!"

可真正的一份美好情感,对彼此应该是对等的,容不得欺骗,容不得虚伪。爱是纯粹的情感,不可掺杂一丝的犹豫。

尽管痛得撕心裂肺,她亦决然地离开了他,离开了那个灿烂如花的青海。

每一次遇见都是一段心的旅程,都是为了更好地去爱。可像文昊一般的男人，终不是那个最长情的人。所以我们要学会爱自己。路那么长，谁都不是谁的天下。

2

爱自己，就是让自己过上想要的生活。回到西宁，岸秋继续开始人生旅途的跋涉。

那日，天空洒落细雨，穿着单件外套，脚穿高跟鞋踩在川流的人中。此时，岸秋走得匆忙，待会有个面试。

忆起那日傍晚，也是如此细雨，文昊与她手捧一大杯青海老酸奶，慢慢地移过每一条街道。

匆忙亦如行云，这就是生活。

岸秋笑笑，学会与世界相处，才能让彼此相得益彰，骄傲地行走。

只是这一刻，她万万没想到，此时的一身湿淋淋以及那么多天的努力，换来的却是一场草草结束的面试。

很显然，她落选了。

放下来时的张扬，看着回程路上的车水马龙，岸秋落泪。世界这么大，竟有种被遗弃的苍凉感。挣扎的内心好似在这一刻才懂得，你不坚强，谁替你实现梦想？你不努力向前，又怎能将脚下的步伐走成花开的模样？

那一年，岸秋正值大四。她看重了一份广告公司文案策划的工作，希望在这个方面有所发展。

策划文案对广告的成单起着至关重要的推动作用,当业务员拉来客户后,策划工作者就要策划出符合客户需求的广告表现形式。最终与美术指导一起,将构思出的想法最后发展成完整、独特的创意。

岸秋爱传媒,对美工也有研究。

当你的能力驾驭不了你的目标时,那你就要沉下心去学习。为了这份工作,她经常泡在图书馆里搜罗行业的资料。观看创意的策划案和视频,学习相关有个性创意的产品,一边做学习笔记,一边与自身磨合,找出适合自己的风格和方向。

选修的《交际与口才》,让她具有了较强的适应能力及良好的沟通合作能力,但她没有过多市场策划及文案工作的经验。可对方需要的就是这个——资历。尽管年轻、稚嫩本不是她的错。

大四下半学期,她开始在实习单位奔走。每一次公司的策划项目,她都会积极参与。或许有时候,只是为对方端茶倒水,打扫卫生,整理初期稿件,但能学到知识,她就已经满足了。

经过一段时间的团队工作,在毕业献礼上,她与同伴的一份策划案因结构完整、细节出彩得了个优秀奖。但这并没能让她拿下这家传媒公司的聘用合同。

其实,生命就是一场公平的竞赛,你用努力善待了生活,那它便会用同等价值回赠予你。意外的是,在一次招标项目活动中,竟然有一家电视台的老总看重了她,向她伸出了橄榄枝。

努力与坚持,带着自信去奔赴一场横冲直撞的青春。此时,岸秋的脸上终于露出了久违的笑容。

3

31岁的岸秋,成了一家电视台的当红主持人。不过一直都没有结婚,亲人都替她着急。

"只有一生,浪费在这,太可惜了。"我一直认为那个爱诗的男人,毁了她。

"委曲求全地跟一个你并不爱的人在一起。那样,对他不公平,对自己也不公平。"

"婚姻并不等同于爱情,是习惯。"

"那个人,一定要懂得欣赏我,然后才有资格说爱。"岸秋笑,一脸的神气。

"记忆像一本书,内容越翻越多,也会越来越清晰,陷入沉迷,苦于挣扎,怨声载道,只会让你蓬头垢面,了无生机。若选择放下,阔步向前,或许下一站的风景更美。"

"人生只有一次,所以我不想选择将就。"

"为记忆而活,终将折磨了自己,辜负了年华。"

"我坚信那个骑着白马的男人,正朝我走来。"

那一刻,我的游说工作失败。

有一次,一个集团老总去做节目。结束后,老总对她的印象不错,便约她出去吃饭。只是因为节目,岸秋与他有过交集,觉得还熟络不到吃饭的地步，便不想去。

过了几日，老总又约她，可赶上她晚上要直播节目，便再一次婉言拒绝了。

或许越是得不到的越惹人惦记。过了一段时间后，老总又开着法拉利来电视台，请她吃海鲜。一时间盛情难却。

在饭桌上，老总给她酌上红酒，一脸的殷勤。

"你知道吗，一个男人请女人出来吃饭，当请她一次被拒绝，请两次又被拒绝的时候，那么这个女人就没有机会了。"

"看来我要珍惜这次机会了，第三次，不易啊。"那一刻，岸秋一脸的玩笑意味。

"你要明白，漂亮只是时间的问题。"

"人生太过短暂！"

"要懂得及时行乐！"

……

"女人过了二十五岁，就会打八折。过了三十岁，就会打五折，像你这样的，一转眼，过了三十五岁，那就是三折了，能有男人要你就不错了，千万不要挑肥拣瘦的。"

"谢谢！"

不要做廉价的自己，不要随意地将自己打包出去。花开半夏，灿若浮生，不要一厢情愿去迎合别人。更无需将时间浪费在不值得的人身上，不值得便不是你的菜。

面对眼前一脸的"善意"，岸秋微笑着与其握手说再见。

张爱玲说过："我要让你相信，在这个世界上总有一个人在等你，无论在什么时候，无论在什么地方，反正总有这样的一个人。"

所以女人一定要活得精彩，值得自己的等待，才值得那人的相遇。总有那么一天，你会感谢曾经的努力与坚持，使自己如此骄傲地活着，如此魅力十足。

4

两年后，老总收到了一张结婚的请柬，是岸秋的。这一年她33岁，她老公是媒体界里年轻有为的CEO。婚礼上，岸秋神采飞扬，她挽着气宇轩昂的新郎递给老总一本自己刚刚出版的新书《女人不打折》，还调侃说，这是我刚刚出的新书，不打折哦。

那一刻，老总尴尬难当。

那一刻，我嫣然而笑。

在近十年的职场生涯里，岸秋从广告公司做到电台当红主持人。从无名小卒，晋升为公司里一个举足轻重的人物。显然，这些都跟她这么多年的努力是分不开的。因为新书的出版，更提升了她在业界的知名度。

现在，岸秋在文艺部做导演。她的先生说，第一次看见她坐在高高的导演台上，像指挥官一样，目不斜视，掌控全局，那一刻，他就被打动了。

骄傲行走,如花绽放。

今天付出的所有努力,都将是一种沉淀,它会随着时间的流逝,帮助你成为更好的人。而我们努力,就是为了让你变成自己想要的模样。

"特别喜欢她低下头,认真做事情的样子。"

他说,工作中的女人最美,她的脸上虽然没有小女生的娇媚,但她身上所散发出来的沉稳气质,并不是所有女生能够驾驭得了的。三个月后,他们结了婚,幸福得"一塌糊涂"。

看着她在人群中,谈笑风生,灿如桃花。我笑了。

原来幸福就这么近,在努力得起的年华里,还好没有放弃!

每一次重逢都是相见恨晚

青鸟飞肥鱼

我无法告诉你,我对孤独是好是坏的看法,但是我总愿意相信,终有一天,真的会有许许多多的"土地"相连,只为让那些漂泊无依的"孤岛"们相聚,不论亲情,或者是爱情。

1

不知什么时候,那首《南山南》忽然就成了大街小巷传唱的经典民谣,人们喃喃哼唱着那忧伤的旋律,探讨着那些"不知所云"的歌词,猜测着作词者究竟有着怎样的生活经历才能将这首曲子写得又寂寞又美好……

这应该是一段欲说还休的爱情故事吧,跨越世纪,超越生死。只是不知,这世间的故事,究竟是因缺憾而显得美好,还是因为太过美好所以才有了"月满则亏"的遗憾。我将耳机的音量调得更大些,接着望向窗外呼啸而过的风景……

身边的密友睡得正是香甜。

我们是高中和大学的好友,算来相识已有十余年了吧。想到这些的时候,我不禁有一点震惊,仿佛昨天我们还在操场手挽手畅谈着"三十岁再结婚"的豪言壮语，现在她马上就要嫁做人妇了，就连睡梦中都洋溢着幸福的笑容。

　　我微笑着转过头去。想起一年前的暑假去苏州见她，她兴奋地介绍杉哥给我认识。现在两人甜甜蜜蜜，终于修成正果，电话里阿田说："小糖，我结婚你一定要来送我啊！你是唯一一个代表娘家人送我到男方家出嫁的，可要好好保护我啊，我都没有邀请其他人呢……"

<h2 style="text-align:center">2</h2>

　　旅途的目的地是西安。路途还很遥远，一路上坐在副驾上的杉哥时不时地回头深情地望着阿田，轻声安慰着正式离开家乡的她，时不时地把手递过来握着她的手……

　　到西安时已是深夜，把我们安顿好后，杉哥不舍地抱了抱阿田，说明天休整一天，后天再正式接她去家里办仪式，按照这边的习俗，婚礼之前新郎就不能再见新娘了。然后又认真地对我俩说，一定要互相照顾，有什么问题随时给他打电话。

　　一切都进展得很顺利。第二天刚好是情人节，我们一起去车站接从其他地方赶来西安的朋友们，陪她度过最后一个单身夜。

　　狂欢结束后，我们回到酒店房间，阿田把两张床拼在一起，像大学时那样秉烛夜谈。我们窝在各自的被子里，聊着以前的事情。

　　不知道为什么，阿田忽然说："小糖，为什么我觉得你这两天有些心不在焉呢？你总是这样，表面上一切正常，该说就说，该笑就笑，可是我知道你真正开心时不是这样，到底有什么事呢？"

我在黑暗中尴尬又无奈地笑了笑，这丫头观察力还是那么敏锐。我沉默片刻，松了一口气说："是啊，这两天我的确有些蔫。阿田，对不起，你结婚本来是件大大的喜事，可我还是没有控制好自己的情绪……"

阿田把手伸过来，握住我的手，安慰我说："傻瓜，我都明白，怎么会怪你呢？你也算千里迢迢来送我，我感谢还来不及呢，怎么会怪你呢？谈一谈吧，说不定我可以帮你，即便帮不了，说出来也总是好的……"

我叹了口气，想了想，说："阿田，我觉得自己现在越来越孤僻，越来越孤单了……"

3

事情要从送她来西安的前一天说起。

本来新年应该是阖家团圆其乐融融的，可是我和老爸却起了争执，想起最后他指责我的话："你现在当真是越来越……孤傲了，一副谁都看不上的样子，无非是你还忘不了你那个前男友！"然后又甩下一句"你自己好好反思吧！"之后，留下一个僵硬的背影。

我当时站在原地，被他的话说得愣愣的，很长时间之后才反应过来，默默地回自己房间掉眼泪。从离开小城到现在，我一直没有给老爸打电话，当然他也没有给我打来。

"阿田，说真的，每次听到他说类似的话心里总是很难过的。我们明明是这世界上最亲的人，他也明明知道提起前任，我会难过，哪怕现在已经放下，可是那里总是个脆弱的伤疤，可为什么他还要用这样尖刻的话语去直戳我的痛处呢？"

阿田停了停，坐起身来，打开灯看着我，认真地说："小糖，我理解你。你也了解我的情感经历，杉哥并不是我的初恋，和初恋分手的那一段时间你也知道我是怎么熬过来的，我记得那会儿我也想过这辈子再也不谈恋爱，也绝不可能结婚。"

说到这里，阿田叹了一口气："爸妈也托人给我安排了不少相亲，也骂过我毫无理由的挑三拣四，我也像你那样，一边听骂一边难过，甚至有一段时间我都怀疑自己是不是真的没有人爱！后来我实在受不了爸妈的喋喋不休，就去了苏州工作，在那里遇到了杉哥……"

后来的事她不用多说，我也知道了。我明白阿田是想劝我：爸妈不管怎么样对我，他们的出发点总是为了我好，或许他们的方式有那么一些不合适，可是家人是怎么吵也吵不散的。可是想起爸爸的话，我的心里还是不开心。

见我这样，阿田又接着说："他们只会为你担心，担心你在外地工作辛苦，吃不好休息不好……唉，要嫁人了才知道，爸妈就算是再严厉地骂，里面也包含着心疼。过了明天，按家乡的风俗，我再回我爸妈家就是'回娘家',就是'客人'了,小糖,你说为什么会这样呢?"

我依旧不语,她又停了停,将刚才飘忽的目光重新放在我身上,笑了笑,继续说:"还好杉哥待我很好。小糖,其实你完全不必担心。我敢说叔叔现在一定很担心你,说不定正在纠结要不要给你打电话,发短信。至于白马王子,说不定明天在哪个转角就能遇到,你看杉哥不就是这样?人对了,一切都是对的,多好!"

说完她又神秘地眯起眼睛,向我凑得近了些,说:"你应该记得吧,我说过我一定不会接受姐弟恋,可是杉哥实际上比我还小七个月呢!"

说完,她狡黠地一笑,潇洒地躺下,闭上眼睛,用无比肯定的语气喃喃地说:"相信我,小糖,过去的事情总会过去的,该来的也会来,明天给叔叔打个电话,说几句关心的话,然后打扮得漂漂亮亮的,我会把我的手捧花扔给你……你可得接好啊……"

婚礼那天很顺利,我和几位朋友在房间设下许多难题,就等着新郎来接新娘,杉哥也终于通过"亲友团"的种种考验,把一脸甜蜜的阿田抱到了礼堂。

后来杉哥来找我,说:"小糖,不好意思啊,我昨天和一帮来帮忙的朋友们打牌,太晚了就没有给你们准备的时间,司仪说需要伴郎伴娘,阿田说这边好像只有你还没结婚……所以……"他明显有些不好意思。

我想了几秒钟,笑了笑说:"没关系,这是小事儿。那伴郎在哪? 需要我们做些什么呢? "

他叫来远远站着的一个男生,帮我们相互介绍,司仪又来安排我们两个需要做的事情,我们需要给新人引路、拿着戒指。听着安排,我松了口气。

后来婚礼的流程进行得很顺利,我接到了阿田"特意"扔给我的捧花,司仪又把我喊上台,大家伙又起哄地把伴郎也推了上去。结果可想而知,我们两个原本不认识的人被莫名其妙地问了些问题,也被"祝福"了一番。

我看阿田和杉哥在一旁忍笑不已,只得硬着头皮直到礼成。

4

婚礼结束后,我拿出手机,有老爸的三个未接来电和两条短信。一条是"丫头,到西安也不打个电话给家里,不知道我们担心啊? "另一条是"打电话怎么不接啊,在西安好好逛一逛,休息休息……"我的眼泪一下子又出来了。

我们一行人在西安一起游逛了两天,那个叫阿文的伴郎也和我们一起,借口是说怕我这伴娘电灯泡的瓦数太大,过来凑个热闹。

阿田和杉哥心知肚明,我也挺感谢他"仗义相救"。我们边聊边逛,有本地人做向导,西安也比我以前来时可爱了许多。

后来,我们坐在快餐店里聊了很久,越聊越觉得真是相见恨晚。我忽然觉得心里那片孤独的薄冰又融化了些许,觉得一直以来的隐隐约约的不自信也渐渐释然了……

我和新人们告别,准备离开西安时,阿文送我到火车站,我们早就加了好友,也希望可以一直保持联系。

回到家后,老爸看着我,没有再说什么,只是问我要不要吃他做的刀削面,他准备了好久。

再后来,也就是现在,我的生活在平平稳稳中阳光明媚。

我和阿文一直有联系,我们总能煲很长时间的电话粥……

我和阿文在一起了,我们都相信,人生中相见恨晚的感觉太难得,就像电影里说的那样"世间所有的相遇都是久别重逢"。我们大概是分别了许久,终于又一次重逢,要懂得珍惜……

我无法告诉你,我对孤独是好是坏的看法,但是我总愿意相信,终有一天,真的会有许许多多的"土地"相连,只为让那些漂泊无依的"孤岛"们相聚,不论亲情,或者是爱情。

第五辑

趁着你我都还年轻，一起出去走走可好

请相信，那些曾经顺着指缝溜走的光阴，磨损了年轻的背脊，却历练了稚嫩的心。有时候走错了路，要勇敢离开，然后，你会找到未来。

愿我在旅途中与你不期而遇

玛瑙石

旅行,对一个女孩子来说是一场人生的必修课,不要害怕,不要吝啬投资自己,迈开你的脚步,勇敢大方地去做自己想做的事情,趁着还年轻,趁着一切才刚刚开始,带上一本书,带上一个宽广的胸怀,带着一双慧眼,去看看这外面的世界,它真的很精彩。

看完这副对联后,你的内心是否也小鹿乱撞,久久不能平静?想去看世界,却发现钱包那么小,想去任性地来一场说走就走的旅行,却发现没有任性的资本。

在我眼中,我始终认为旅行跟钱并无太大的关系,有人选择穷游看世界,也有人选择富游看世界,本质在于看待问题的角度,而不在于物质,当然能有物质的保障,那是更好,如果没有,我们也可以做一次自己向往的事情。

谁的青春不疯狂。

1

陆晓畅人如其名,典型的行动派,90后,做事雷厉风行,从不拖泥带水,这样的性格促使她完成了很多人不敢去完成的事情。

24岁生日那天,正值春天,百花争妍齐怒放。陆晓畅一个人背起背包,带着身上仅有的存款,赶了一次时髦,来了一场说走就走的旅行。这一场旅行,如果不是在朋友圈看到她发的美图,估计没有人会知道她居然一个人去云游四海了。

　　陆晓畅出逃那天是在晚上,她提前订好了火车票,前往了她向往的云南丽江,她父母知道自家女儿不见时,是在第二天早餐时,吓得差点没报警。

　　她到达丽江五天后发了一条朋友圈,上传了很多美景美图,把我惊艳得两眼放光,我以最快的速度留言,却不见那家伙回复。

　　在丽江,她玩得似乎连家都不想回了。

　　在微信的朋友圈中,我看到了陆晓畅写过的一段话:原来这里是那么美,美得让人心碎,美得让人忘我,美得让人移不开脚步,美得让人恋恋不舍。不愿意忘记这里的一切,更不愿意对它道一声"再见"。

　　陆晓畅沉醉于丽江的美景中不能自拔,她的父母却如同热锅上的蚂蚁,急得团团转,生怕女儿就此以后扎根于丽江不再回来。

　　我笑她心宽,她却说那是她送给自己的礼物,她不希望她的青春旅程中失去这浓重的一笔,她希望她的青春能像电影那般,精彩无比,在平凡的生活中,唱响青春的主旋律。

　　陆晓畅就是这么任性地来了一场说走就走的旅行,这场旅行无关金钱,只关青春,她只是不想让自己的青春就这样逝去。

2

当我以为陆晓畅会因为父母的威逼利诱而妥协时，她却用行动否定了我的想法，她不但没有听从父母的意见，反而把父母给"治"得服服帖帖，在那里又玩了一个月。

有一天，我闲来无事与她微信，她告诉我，她在丽江找了一份工作，她要在那里扎根，在那里开启她向往的诗与远方。

我以为陆晓畅是开玩笑，没想到这一次她是玩真的，结果父母一气之下跑到丽江去找闺女了。

神奇的是她又一次摆平了父母，让二老安心，乖乖坐上飞机飞回了老家。

陆晓畅在丽江由一个月的旅游，变成了长期定居。后来我们的联系渐渐减少，微信也只是偶尔问候一下。

3

忙碌的工作虽然让我们无暇聊天，但心中却有彼此。

时光荏苒，转眼两年已过，在春节前的一个早上，我睁开蒙眬睡眼，看到她发来的照片，惊得我使劲来回擦了几下眼睛。照片是陆晓畅与一个看上去很阳光的大男孩的合影，照片下面还附带着文字：愿在旅途中与你不期而遇，时间不早也不晚，刚刚好。

我一激动，直接电话打了过去，问她是不是恋爱了，她笑着告诉我，那是她的男朋友，叫泰尼。

泰尼来丽江自驾游，结果发生了交通事故，而受伤的女主人公就是陆晓畅，这样的情节，似乎只有言情小说与电视剧才会有，可陆晓畅很幸运地中奖了。

一次旅途的交通事故，却被月老用红线把他们两人拴在了一起，一次意外的事故，成就了一段爱情。

我惊讶他们的发展速度，虽然男方的条件很不错，典型的经济适用男，但我还是无法相信她转眼就要结婚了的事实，我说她是在玩闪婚，可她却告诉我，那不叫闪婚，叫缘分。

对于这句话我很不解，等她把事情的经过讲完后，我笑得腰都直不起来，没想到雷厉风行的陆晓畅也会有这么可爱的一面。

陆晓畅说，这个世界上的男人与女人之间只有三种可能，一种成为朋友，一种成为敌人，最后一种成为恋人。

当时，陆晓畅只是被泰尼的车剐蹭到一点皮，并无大碍，本就心宽的陆晓畅并没有想要对方赔偿的意思，可泰尼却担心不已，执意把陆晓畅送去医院，天知道陆晓畅最怕的事情就是进医院，所以当时在陆晓畅的心里，早已把泰尼的祖宗十八代都一一拜访了一遍。

最后，在陆晓畅的怒吼下，泰尼一脚急刹车停在了路边，看着发脾气的陆晓畅，泰尼先是晕圈，接着吐出三个字：有个性！

很生气的陆晓畅一人走回到上班的地方，泰尼却在后面一路尾随。

泰尼是一个很有责任心的男人,在没有确定陆晓畅是否真的痊愈之前,他一直未离开,最后也厚着脸皮来到陆晓畅上班的地方。

起初的陆晓畅很不喜欢泰尼,总是与他拌嘴,时间长了,两人的感情线如同强磁铁一般,相互吸引着,后来泰尼喜欢上了陆晓畅,开始了猛烈的追求。

这是一场旅行带来的爱情。当我以为他们的爱情从此开启时,却从陆晓畅的故事背后听到一波三折的另一个艰难过程。

4

陆晓畅起初并没有接受泰尼的心意,当两个人正沉浸在爱情的甜蜜中,泰尼的母亲打来电话,限他三天内出现在北京老家,否则断绝母子关系,而泰尼也态度坚定地说,天下女人,非陆晓畅不娶。

天下哪有不爱自己孩子的母亲,似乎在父母与子女面前,妥协更多的是父母,不是因为软弱,而是因为父母爱子女,宁愿自己委屈也不愿子女为难,这就是父母。

泰尼的坚定,他的母亲看在眼中,只身一人飞到了丽江,见了陆晓畅后,满意地点了点头,至今陆晓畅都说,不知道她的婆婆看中了她什么。

幸福的钟声响起,浪漫的婚礼如期举行,作为伴娘,站在美丽的新娘身边，我突然感觉幸福离我如此近。

我羡慕着陆晓畅，敢爱敢恨，敢为自己的人生做主，敢去追求自己想要的人生。

作为女孩子，我一直觉得多走出去很好。虽然温室的花朵很娇艳，但能经得起风吹雨淋日晒的花朵会更有神韵。

旅行，对一个女孩子来说是一场人生的必修课，不要害怕，不要吝啬投资自己，迈开你的脚步，勇敢大方地去做自己想做的事情，趁着还年轻，趁着一切才刚刚开始，带上一本书，带上一个宽广的胸怀，带着一双慧眼，去看看这外面的世界，它真的很精彩。

愿下一个旅途的路口，我们能不期而遇，时间不早也不晚，正好刚刚好！

离开,比谁都勇敢

白枫麟

当你意识到人生之路走错的时候,恭喜,你已成功了一半。

那么成功的另一半是什么?

就是离开现有的路,重新开始,你比谁都勇敢。

段是我的远房表亲,和我是同级生。

由于他是学霸,我没事总围在他身边打转,目的是和他搞好关系,好让他辅导作业。一来二去我和这位闷葫芦书生成了铁磁儿。

高考结束那阵子,同学们玩疯了。丢书包、撕课本这些是小事,喝酒、唱歌到天明也不足为奇。可是有原则的段学霸从来不与我们"同流合污"。

有一次我喝得烂醉如泥,同学只好叫段来接我。远远的,我看见一身白衣,衣袂飘飘的他迎面走来,那架势颇有几分仙气。

段上前架起我一条胳膊闷头就走,对其他人不屑一顾。

"切,学霸就是拽。"身后传来不满的嘟囔声。

段猛回头,瞪着眼睛,一声爆呵:"下次你们再敢灌她,我叫你们好看!"

事发突然，对方愣住了，我也愣住了。在我的记忆中，段是个沉默寡言，与世无争的人，即使平时吃点亏也绝不吭声，没想到他竟有反抗的一面。

　　不对，肯定是我打开的方式不对。

　　"我想我是醉了……"我醉眼惺忪地说。

　　"一个女孩子喝成这样，成何体统？"段的声音透着不悦。

　　"哈哈哈。"我放声大笑，好迂腐的人，故意拿话激他，"啥年代了，还搞封建？不以规矩，不成方圆？你活在条条框框中累不累？"

　　他目光游离了一下，说："没扶你累！"

　　这个不解风情的书呆子一点都不可爱！

　　段就是这样一个酸腐之人，从小到大从没干过出格的事。永远是父母口中的好儿子，老师眼中的好学生。包括这会儿毕业狂欢，他依然静如处子。爱啃书本的他从来不会厌烦无聊，不会厌烦规矩，更不会厌烦正襟危坐。偶尔我会坏坏地遐想，段的生活会不会冒出一场暴风雨，闹腾点乱子出来，让他动如脱兔，让他洒脱一把。

　　这种荒诞的念头随着高考放榜戛然而止。

　　段毫无悬念地考上全国重点大学。他就读的专业属于高科技前沿，就业前景可谓一马平川，不像我们其他人，要拐几个弯，才能步入职业正轨。

学校要求提前报到，段是我们中第一批入学的。他隔着车窗挥手告别。由于光线反射，晶莹的眼眸蒙了一层灰，也许那是隔着玻璃留给人的错觉。

每个学校放假时间略有不同，大学期间，我们只见过寥寥数面，见面像赶场般匆忙。段的身体更纤细了，眼镜度数更深了，身上的书卷气更浓了。听说他在名校依然是尖子生，曾多次拿过奖学金和优秀干部称号，院方领导对他寄予厚望。

可是为何他的眉头总是紧锁呢？或许是压力太大吧，毕竟高处不胜寒。

大四那年我接到通知，段参加了全国科技选拔大赛，要到实验基地集训十个月。听闻那里特别荒凉，除了丛林就是山川，方圆几十里没有人烟，而且严禁与外界联系，抓到要取消参赛资格，俗称"魔鬼集中营"。不知道身体单薄的段能否顺利过关，我不禁替他捏把汗。

一日，我正在准备毕业答辩，突然接到段的电话。我惊讶不已，再三确认是本人。

"嗨，老哥，你还好吧？你在哪里打电话，安全吗？千万别让人抓住。"我压低声音说。

"你想多了，我回来了。"他的声音听起来很轻松。

"选拔结束了？你取上名次了吗？"我激动地问。

"今晚有空吗？"他避而言其他。

"你请我，就有空。"我老谋深算地说，"今晚，咱们来个不醉不归，怎么样？"

"恭敬不如从命。"他回答。

段如约而至，一年没见，他又消瘦了不少，整个一个手无缚鸡之力的弱书生。席间他安静地吃喝，我一个人唱独角戏，滔滔不绝地说着大学里的奇闻趣事。他听着异次元的故事，时不时露出不解的眼神。他错过太多妙趣横生的校园生活，成了一个只为读书而读书的机器。

"这不公平。"我放下筷子，抱怨着，"我一个人说说说，像只聒噪的乌鸦。你长嘴不是光为了吃饭，也跟我说说选拔的事。"

"没你的生动。"他仰头干了一杯。

"天啊！这可是42度白酒，别喝那么猛。"我忙劝阻。

"某人不是说不醉不归吗？想食言不成？"他轻笑。

好心当驴肝肺！我暗骂。

这节骨眼儿，他还不肯吐露比赛的事。我百思不得其解这呆头鹅要隐瞒什么？取上名次，直接去国家级研究基地工作，落榜的话，最差也是到地方科研所工作。

死鸭子嘴硬！看来我得下点猛料。

想到这，我开始频频劝酒。段一连串灌下几杯，慢慢地，他脸色红润，眼神迷离，仰躺在椅子上咧开嘴角傻笑。

"我决定离开这行。"

他的嘴一张一合，我惊得魂不附体。

"什么？"我干巴巴地说，"你醉了吧，老哥，拿我开涮。"

"我清醒得很，我说我要转行。"他一字一顿地说。

"为什么？太突然了，我没心理准备。是因为这次选拔失败，你遇上了人生的 bug，你被击垮了，变得一蹶不振？"我连珠炮似的发问。

"错，相反，我没落选。"他撇撇嘴。

"那就更说不通了，你那么努力得到了一切，然而，一个华丽大转身要抛弃所有？你这样出尔反尔，到底是为了什么？"我恼火地问。

"我迷失了。"段喃喃地说。

这个惜字如金的男人终于打开了话匣子，说了生平最多一次话，让我永生难忘。

他说每个人的青春都是一道选择题加判断题。高考犹如一道最复杂的选择题，面对很多通往终点的道路，众说纷纭，你要选择哪一条？

他当年在长辈的建议下填写了那个专业，曾经以为那是最适合他的。上了大学，随着专业课的加深，他逐渐发现很多东西与想象中相差甚远。他的兴趣由浓转淡，考试成绩变得不稳定。为了不让父母操心，他只好加倍学习。别人学习三小时，他就学习五小时，别人在吃饭、睡觉、娱乐的时候，他仍然挑灯夜读。

他利用一切时间学习,只为讨家人的欢心,却忽略了自我感受。他如一叶轻舟迷失在漆黑的大海,他看不到光明,也找不到希望。在优等生这件华服下隐藏着一颗犹豫的心,他强迫自己去努力,去适应,去改变,换来的只有心身疲惫。

　　他的判断题没法画出一个完整的勾。

　　可是四年来他付出太多,他不甘心,不情愿放弃。于是他使出撒手锏——报名比赛,他要挽留那颗心。在漫长而困苦的十个月中,他压抑过,痛苦过,挣扎过。

　　突然间,他豁然开朗。

　　不是坚持就一定正确,不是努力就一定成功,如果那条路是错误的,走下去只会背道而驰。他的心动摇了,他的梦瓦解了,他整个人蜕变了。

　　离开,比谁都勇敢。

　　你选错了路,走错了路,都不可怕,因为那不是一条不归路。两点之间线段最短,这是一条亘古不变的真理,然而美丽的图形却很少是直线构成的,因为曲线有它独特的魅力。

　　在弯路上摔一跤远比别人给你的经验之谈宝贵得多,疼痛使人醒悟,后悔催人奋发。

　　那些看似走错的路,都有其出现的原因和意义,有朝一日,你会迷途知返,把弯路变直,将自己找回。所以请停止抱怨"早知道"就好了,这世上没有后悔药,你有时间蹉跎,还不如收拾心情,整装待发。

那一次是段第一次喝多,也是他最后一次喝多。很多年后,我还拿这事取笑他。

你们也许会好奇段后来如何?

他拒绝了某著名研究基地的聘书,为此事和家里吵翻了,不过父母最终还是接受了。毕业后,他成了一名职业中学的数学教师,每日教书育人,乐得其所。一到寒暑假,他会约上几个驴友,一起游览祖国大好河山,日子过得很充实。

每当爬上一座峻岭,他都会张开双臂,拥抱全新的世界!

请相信,那些曾经顺着指缝溜走的光阴,磨损了年轻的背脊,却历练了稚嫩的心。有时候走错了路,要勇敢离开,然后,你会找到另一个未来。

远方有我昨天期待的梦

青鸟飞肥鱼

> 我想,你一定明白的。我们需要梦想,不管这梦想是在昨天还是在远方,因为即使泛黄,即使遥远,有梦想的人都是幸福的。他们会为了梦想去努力,哪怕只是像蜗牛一样慢慢前行。

梦想。我反复看着自己写出的这两个字。

我已经好久没有想起过或者说到过这个词语了。似乎现在提起"梦想",换来的总是周围人若有若无的笑意,那笑意里好像包含着许多……

大学时老师曾给我们放过一部电影——《早间主播》。故事的女主角是一个电视编导,每天起早贪黑地工作是为了一档凌晨的新闻节目,可是这档节目还是由于收视率低下而被停播。然后,女主被炒了鱿鱼。

失去工作后,她仍然保持着以往的生活节奏,保持着旧有的生活习惯,她始终不愿意放弃自己的电视梦想。

女主角的妈妈看着女儿类似痴狂的执着,忍不住对女儿说:"如果一个孩子八岁的时候谈梦想,人们会觉得他很可爱;十八岁的时候谈梦想，也还说得过去；到了二十八岁，他还在那里滔滔不绝地谈梦想，丢不丢人呐！"

也许，梦想这个词在很多人身上总是遥不可及。有时候一旦触及便有可能彻底失去，所以我们大多数人宁可将梦想封存心底，也不愿意冒着失败的风险去试一试。

我们假装自己很现实，即使这样会显得有点儿碌碌无为……不是吗？我们在安逸的环境里得的太久了，早已忘掉了或者可以忽略了曾经疯狂的念头，所以那个原本遥远但美好而崇高的词语被解释成了如今的"做梦时才能想到的事情"……

记得毕业前夕，我曾交给好友一封信，我对她说："阿宁，请你帮我收好这封信。再过不久我们就要彻底离开学校了，我想要记得自己此时此刻的梦想，我想要考研……"

我顿了顿，又说："我怕有一天我会坚持不下去，或者由于种种的原因放弃，如果有一天，我对你说了这样的话，请你再将这封信交还给我……我想，它或许可以帮我记起，今天这个笃定信念的自己，帮我记起这曾是一个多么强烈的愿望……"朋友点了点头，接过了封好的信封，给我一个放心的笑容。

也许是时间尚未久远吧，又有可能潜意识里我告诉自己需要牢记那封信，所以这整个事情果真就始终挥散不去。

我也一直没有和那个朋友说起过要放弃考研的事情。是啊，我的确没有说"放弃"两个字，可是我这种种的表现，哪一样不是

"放弃了"？

书桌上那本乱序版的考研单词已经布满了灰尘，当我把它抽出时才惊觉那封面早已被阳光晒成了两个颜色……

还记得和同学买单词书时的趣事。那时我故作严肃地对书店老板说："老板，我才不要顺序版的。因为那第一个单词就是abandon（放弃）！"老板笑着递给我这本乱序版的，说："同学，祝你考研成功哦！"

往事历历在目，连我自己都不知道在别人问起的时候，我究竟是以怎样的底气说着那些类似"我并没有放弃，它只是被无限地搁置……总有一天它会再出现在我的旗帜上……"可是，我心里知道，这仅仅只是一个可以自我安慰的借口。

有几次，和那些上了研究生的同学聊天，他们无一例外戏称自己是"研究僧"，并且多数对考研没有什么太高的评价。

她说："我觉得自己现在依然还在校园里简直是蹉跎岁月，我劝你，对于考研还是认真考虑吧，它也许并不是一件让你高兴许久的事情……"

我听着她的话，觉得很困惑。为什么会是这样呢？这好像是高中时代，我们崇拜着往届考上名牌大学的学长学姐们，觉得他们的话简直句句都是至理名言，听了之后，就可以像他们那样……学长学姐们鼓励着我们"一定要努力啊！到了学校可以来找我……"

终于,高考结束,有人欢喜有人愁。当年我们的梦想不过就是能接到心仪大学的录取通知书,怀着憧憬开始新的生活。

这样不是很自然,很美好吗? 什么时候,摧毁梦想的人竟然是我们自己? 还是那句话依然能够适用"才知道,大学不是不可以鄙视的,但那要在上过之后……"

所以,那些"研究僧"同学们,当你完成梦想之后,就开始鄙视那个曾经的梦想了吗? 于是,事情就成了这样,浑浑噩噩,毫无意义。

这或许是不被鼓励,不被看好的梦想吧。

我还有一个朋友,绝对的励志型。

我和她很相似,都是家中的乖乖女,普普通通,光环暗淡。上学时她特别喜欢英语,说得也特别好,她总是代表整个学院去和外语系一起参加各个级别的英语演讲比赛,简直算得上我们班里最优秀的学生了。

一个偶然,她来我们宿舍借宿。我们无意中聊起将来最想做的事情,她说:"我最想到大洋彼岸去,于我们这个专业来讲,大约孔子学院会是最理想的地方吧,我真想到那儿去看一看。"

当年考研的成绩下来之后,她的成绩并不理想,如果接受调剂的话就只能去一所普通的大学。她曾问起过我的想法,我说:"不管怎样,与其再苦熬一年,倒真不如抓紧现在眼前的机会。"

只要你一直保持如今对自己严格的要求, 我相信这个机会之后一定还有许多其他意想不到的际遇。因为我相信,真正优秀的人不管在哪里都能够脱颖而出!

她又问了家人和老师们的建议,后来下定决心,接受调剂。她要去复试那天对我说:"多谢你了,小贺。我一定会努力的,希望你也不要放弃考研,我期待有一天,我们能在孔子学院再聚首。"

后来,她去读研究生,我们渐渐少了联系,只会在新年时相互问候,她对我总是鼓励。再后来,她真的实现了自己的梦想,到了曾经她口中的"大洋彼岸"。

如今她正在迈阿密的孔子学院做志愿中文老师,朋友圈里总能看到她晒出的照片,有第一次在异国度过的春节,有美丽的都市夜景,还有她肤色各异的学生……照片里的她,容颜未改,笑容却更加灿烂,眼睛里全是遮掩不住的动人光彩。

你看,同样的事情,为什么不同的人会有不同的态度呢?

我想,你一定明白的。我们需要梦想,不管这梦想是在昨天还是在远方,因为即使泛黄,即使遥远,有梦想的人都是幸福的。他们会为了梦想去努力,哪怕只是像蜗牛一样慢慢前行。

所以,是时候该收拾行装,捡起那年被束之高阁的"梦想",向着那里再次吹起"战斗"的号角!

真的……加油!

你的青春岁月,我的半暖时光

张 绛

假设两个人是两条永远无法相交的平行线,你使尽了力气刻意将它们扭在一起,日子久了,那个疙瘩还是会自动解开。

1

常是我数年前急着赶去一次朋友聚会时偶然认识的。在他刚刚拉上化妆间的大门准备上锁之际,我拦住他:"嘿,还能不能给化化妆?"

他很不情愿地抬起头,扫了我一眼,好像在说,这么晚了,化个妆给谁看?

我从他的眼眸里看出了质疑,很焦灼地说:"一个很重要的聚会!拜托!"

他慢慢收拾起疑惑,把门再次打开,指了指里面,说:"进来吧。"

那个时候已经晚上九点。我们的聚会是九点半。从化妆店往市中心的木酷酒吧赶过去,如果不堵车的话,至少也要二十分钟。

我本来不愿再精心打扮,穿平时的黑色长羽绒服,里面是黑色的毛衣及黑色的打底裤，虽然不算靓丽多姿，至少也看得顺眼。但莹是极要面子的美女,电话里反复叮嘱我,一定要化了妆再去。我心里明白,今晚一起吃饭的这些人,非富即贵,我的到来,对她来说,是绝不能令她有失体面的。毕竟,这是我作为她的朋友,第一次跟大家见面。

　　好像我是多么重要的大人物一样。那个时候,我只能委婉地告诫自己,莹的调教大概是对的吧。

　　也只能如此。但聚会又不可迟到太久。于是我快速进了屋,径直找个位子坐下来,马上就问常:"能不能快点?十分钟搞定?"

　　他问:"你很急？"

　　我点头,有些无奈地说:"不是我不守时,是聚会讲究的因素太多。"

　　他大概能明白我的意思,笑了笑,说:"算你运气好！"

　　等我化完妆后，我明白了他话里的意思。他的确有一双巧手,没几下就把我这张朴素习惯了的脸涂抹得有姿有色,他对着镜子里的我,很是满意地笑了笑。

　　他笑容很浅,像不会笑似的。但是也已经能看得出来,他给我化妆完后的一份好心情了。

　　有些人就是这样子吧,冷冷一笑,都有点倾国倾城的味道。

　　我谢过他后,急匆匆赶过去。

那晚一桌子人的目光齐刷刷朝我扫过来,让我有点很不自然。酒桌上,一群人围着桌子转了好几圈,个个站起身子仰头爽快就是一杯,好像根本没有不可推辞的机会。

轮到我时,自然也逃脱不掉。几个搞房地产的老总,年纪不大,顶多跟我差不多,喝酒却非常老到,说辞都是一套一套的,说不过他,拗不过他,只能一杯一杯地干。好在是红酒,我平常也算喜欢这种味道。但到了最后,还是有些醉了,脚有些软,整个人身子刚起来,瞬间就倒在了位子上。

此时一个男子站出来主动请缨为我挡酒。我看了他一眼,一晚上他对我算是殷勤。夹菜不断,如今又开始挡酒。我朝他摆摆手,逞强说:"不用,今天心情好,我还能喝!"

哪知说完就倒下去了。

那晚喝得很狼狈,我的记忆里全是自己酒醉被人搀扶的片段。然而没几天,莹却很开心地打来电话,说我的出现令她的朋友圈又活色生香了一回。

我哪里明白她这酸话是几个意思。记得有一次在她老公的饭店里吃饭,席间她老公得知我比莹大了几个月,随口说了句:"比你显得小。"莹当时就翻脸不高兴了!她哪里容得下别人比她漂亮,跟她抢风头?"

当然,我也从来不认为自己比莹漂亮。她有富裕的家庭,高高的个子,强大的气场,高高的鼻梁,大大的眼睛,雪白的皮肤,还有特别会化妆的一双手。我倒是不显山不露水的,平素就是一副清清淡淡的模样。

估计就是忽然换了个模样,才猛然让她发觉,我还有那么点潜质可挖。莹挖苦说:"有人瞧上你了。"

我说:"是那个给我挡酒的王某吧? "

莹惊讶地问:"你都喝醉了,还能注意到他? 啊! 你们有戏啊! "

"少幸灾乐祸!"我说,"我什么癖好你不知道啊? 那群人跟我是一路的吗? 我不烦人家,人家看我还觉得闷呢! "

"可他想约你出来,你去不去? "莹试探着问。听她的语气倒是不以为然,估计那位王某当时就站在她身边。我甚至能猜得到她当时的各种神色及向对方回话的模样。

"你觉得呢? "我说。

这件事就这么不了了之。

2

没过几天,我忽然接到莹的电话,她问我,上次去化妆是在哪里?

等我再次遇到常的时候,他身边多了一个女孩子。看上去,两个人像是闹了点别扭,没说几句,女孩就头也不回地走了。

我十分哀婉地问他是否有心情帮我朋友捎饬一下。他小声嘀咕:"你每次都特会赶时候。"

后来莹的那次化妆据说失败了,她老公怪她太妖娆妩媚,没有考虑他的感受。

后来莹向我抱怨,一边怨着常,一边又窃喜她老公在意她。

我说:"说明你魅力足啊。"就当她面打电话给常,说:"你把我朋友化丑了。"那时候他给了我一张名片。他在电话里冷静万分地说:"你们俩气质不一样。"

我倒抽一口凉气。这是在夸谁呢?

自那以后我们又一次在一个街角的拉面馆里相遇。面对面。我问他:"女朋友哄回来了? 小伙子别太冷酷,殷勤一点惹女孩子喜欢。"

他反感我大姐般的教训,为了让我明白不是他的错,就长篇大论讲了他跟女友的故事。

他们认识五六年了,女孩追的他。起初他不爱她,拒绝了几次,但女孩不放弃,直到后来他发觉身边也没几个让他心动的,就把女孩转了正。

"因为感激,所以我必须说服自己我爱她。因为我说服了自己我爱她,所以我必须迁就她。"于是就演变成后来的女孩越来越娇惯,他反倒每次赔不是。他说,这一次他不了! 坚决不!

"反正你已经习惯了,还怕多几次吗?"我笑话他,"一辈子长着呢! 现在就应该学会适应。"

他沉静地问我:"是不是女的追求一个男的, 享受的都是追逐的过程？而一旦追求成功，得到了手，就可以变得肆无忌惮？在你面前放肆地吃、喝、玩、乐，讲粗口，没礼貌，发脾气，任性、刁蛮，吃得跟猪似的也不担心吓坏你？"

我喷了一口水："你说的倒是栩栩生动！你女朋友胖是胖了点，但不至于丑。"

他叹气："你知道当初她多瘦？八十斤不到。我拒绝她后，看她瘦弱的模样有点于心不忍。如今她一百二十六斤，我总觉得当初看错了一个人似的。"

"那也是你宠她的结果啊。跟你在一起她快乐。"

"快乐吗？我们经常吵架。但她再没有瘦下去。"

"胖瘦有那么重要吗？"

"也许不是胖瘦的问题，是心情的问题。"他说，"就像你格外在乎一个人，他转身离开了，你一夜瘦了十斤。你不在乎那个人了，你却胖了十斤。"

我明白他的想法，但是希望他们还是能够和好，于是说："你的思维有点古怪。还是再试试沟通一下吧，毕竟也有几年了。"

3

莹骂我一定是吃错了药。那么好的单位是多少人的梦想，做梦都想过去，花二十万都不见得进去。我却轻易跳槽了。

我的单位比莹的还好。朝九晚五，任何小事都可以请假，连续请半个月一个月也没人出来指责，更不会出现扣工资之类的说法。年底有丰厚的奖金福利,还有体面的工作环境,高人一等般的地位。

可是我发觉我越来越不适应这样的环境。每天无所事事,悠闲无聊得很。每天晚上都是饭局不断,大半夜十一二点,一群男男女女喝得七倒八歪跟跟跄跄地从酒店的大门口出来钻进车子里,然后消失在茫茫夜色中。不知道的,还以为是在谈论什么大生意。

什么时候起,心里那份为梦想去拼搏的热情,全部转化在了喝酒吃饭聊天上。每天要应付不同的人,说着不同的话,转着不同的脑筋,演着不同的角色。

日子虽然舒服了,可是,心累了。

我愈发觉得自己是个废物。那天听到常感慨,我就随口说:"你女朋友心态好啊,要是去了我单位,跟我换一下,保准她混得如鱼得水,比我好。"

"那么你呢?"常问我,看着我的眼光有一点点怪异。

我没仔细分析,就冲口而出:"大概我需要一个非常严苛的环境,让自己变得自律起来,重新收拾一下当初青春时光的心情。可能,大概,也许我害怕因此而变老了。"

4

自命年迈已高的我,回去后收到了常的一条短信,他说:假设两个人是两条永远无法相交的平行线,你使尽了力气刻意将它们扭在一起，日子久了，那个疙瘩还是会自动解开。就像你自己，终究无法彻底放逐自己。就像我跟她，始终无法真正交融在一起。

他问我，可不可以接受一场荡气回肠的姐弟恋？

这是我这辈子遇到的最为可笑的事情吧。我想对他说，仅仅有灵魂的相守也是不行的。就像鱼儿离不开水一样，生活没有物质的保障，迟早也会死人的。我说，等我赚到足够的钱，让自己的内心足够强大了再听你说的话，兴许会欢快些。

几年过去了，我待他仍然像对待自己的弟弟一样。他待我，却越发尊重如姐姐了。我们都知道，在他的青葱岁月里，我充当了他另一个固执的自己。在我的半暖时光里，他充当我年少时所有激情四射的回忆。我们彼此支撑着，去寻找自己舍不得丢掉的那一些原则。也许这些原则是虚无的，又或者有那么一点点不现实。然而理想是丰满的，现实是骨感的，这个道理谁不知道呢？所以为了丰满，我们开始一次又一次地从骨感做起。

幸好，最后的最后，他遇到了梦想中的她，我做了梦想中的我。其实，从骨感做起，好像也没什么不好。

时间会老去,而我在想你

亭后西栗

当时间老去,她一袭红装,游荡在岁月的拐角,不知何时青丝将成雪,只道是无声的苍凉里,有人在想你。

小时候,每当我们对一些不易解释的事情表示好奇时,父母总会含蓄地说一句:"等你长大就明白了。"

那时我们总天真地以为,长大后,那些神秘的问题都能够得到解答,可是等到真的长大了,却发现身边的一切,变得更加令人费解:友情不再是你借我铅笔橡皮,而我请你吃橡皮糖那么简单,更可怕的是,那份紧跟着席卷而来的爱情,更是让我们猝不及防。

林瞳说完这些话,便温顺地用手托起腮,眼神迷离地看着窗外的行人,面前咖啡的热气腾起,又在她胸前散尽。

这是她历经五年旅行之后,我们见的第一面,她变了,变得更加成熟隐忍,可她似乎也没有变,对过去的执念,以及对将来的无欲无求。

"林瞳,真的不要紧了吗?"我试探着问。

林瞳悠悠地转过头看着我，连笑容也是慢慢地展开，她摇着头，长发在肩上摩挲，像春天的柳枝在风中摇动，她的目光里，写满看尽归程的苍凉。

　　面对这一幕，我的眼睛忽然一酸，夏末初秋，一年往复，时光明明还在流淌，四季还在更迭，但在林瞳的心里，似乎已经不会再有春天了。

　　林瞳认识子沫，是在我们读大二的时候。当时，子沫作为外校联谊团的代表，出现在我们学校，并在第一时间抽走了林瞳的所有心思，从此，无论是课上、午休，还是每个我们沉沉睡去的夜晚，子沫的名字一次次出现在林瞳的嘴里、心里、日记里。

　　他们相爱了，跨越十几公里的路。子沫是个很浪漫的人，他会在假期带着林瞳，用打工挣来的钱到处旅行，先是城内、近郊、远郊。慢慢地，便是天南海北，这份难得稳定的爱情，也跟着他们游荡的脚步，在几年之内走走停停，起起伏伏，蜿蜒流转了上万公里。

　　因为子沫的关系，林瞳仿佛提前毕业一样，消失在我的大学生活中，而当我们彻底毕业，我们之前的联系便更加稀少。

　　似乎生活不尽人意的那一方，总会不自觉地疏远比自己过得幸福的朋友，就在我要将林瞳和子沫的童话故事淡忘时，林瞳忽然给我打来电话，告诉我，她要结婚了。

　　坐在舒适的沙发上，我看着对面的林瞳靠在子沫身旁，笑容满溢,连我自己也感觉到隐隐的幸福。我听着她讲述子沫向她求婚的点滴,还有关于婚礼的全部,连我也跟着被温暖起来。末了,林瞳问我:"到时候,你给我做伴娘,可以吗?"

我没有拒绝的理由,只是在心里感慨,小时候童话故事里的结局,如今就要在现实中上演了。在我神游的时候,林瞳告诉我,她和子沫打算在婚礼之前,再来一次旅行,作为他们彻底告别单身的纪念游,出发的时间,就定在下个月。

分别时,我向他们送上"玩得开心"的祝愿,之后匆匆离开了他们的家。

世上的事,有太多的意料之外,人生一期一会,擦肩而过之后,便再无踪影。

如果我当时知道,那或许是我见到子沫的最后一面,我一定和他多聊几句,但当时我走出他们家,像惯常的访客一样,礼貌地和他们道别。我以为,我们在婚礼时还能再见,我以为,他们会相守一生,而我,作为林瞳的大学好友,有的是机会和他们笑谈人生。

可是,我身边的笑谈还在,子沫的人生却消亡不见,就连林瞳的人生,也跟着长眠了。

林瞳的婚礼并没有取消,结婚那天,我跟着她去了空空的礼堂,她穿着红红的新娘装,抱着子沫的照片,我站在她后面,看着她瘦削的肩膀,在礼服里突兀刺目,我忽然想起梁祝,故事里的祝英台,是否也穿着这样一身红衣,在狂风中走进坟茔?

外面天朗气清,礼堂里没有人声,我却清楚地听到风雨飘摇,鬼哭神嚎。林瞳的肩膀在颤抖,仿佛暴风雨中的小船,慢慢地沉入深海,万劫不复。

我知道,生命里总有些事是无从安慰的,生命因为经历过苦难,而变得与众不同,就像林瞳在那场车祸中痛失的爱人,以及那段刻骨铭心的爱情。

婚礼后,我将林瞳送到机场,一路上忍不住叮嘱着,末了,引得林瞳忍不住笑起来。

"好了好了,你怎么比我妈还啰嗦,多大的人了,还去过那么多地方,有什么不放心的,再说,你要是真不放心,就跟我一起走啊! "

"你说得轻巧,我还有工作,还得挣饭钱呢,哪像你这么自在! "我笑骂着,借此来掩饰自己的伤感,还有那些想说却不能说、想提却不敢提的酸楚和悲悯。

"放心吧,我只是想和他再出去走一回,就像之前一样。"林瞳的声音忧伤起来。

我仓促地点头,心里多少有些庆幸,庆幸她的航班已经准备登机,而我们之间这种沉寂,也终于可以随着她的航班,飞散到九霄之外。

林瞳说过,她轻易不会再回来,如果可以,她宁愿这样一直走下去，在那些陌生又熟悉的城市，在他们曾经一起去过的城市，一站接着一站，一年又一年。

五年一挥，林瞳回来了，而当时的我，已经搬了家，换了工作和手机号。

有一天，我正在对着蓝屏的电脑放空偷懒，林瞳的电话打了进来。

"是我，林瞳。"电话里的声音没有丝毫疲惫，但也没有丝毫情绪。

我几乎是从椅子上跌下来，抓紧手机大声问："你现在在哪里？"

"我回来了，你什么时候有时间，我们可以见一面。"

我奔到镜子前，仔细检查着五年时光给我带来的俗气和皱纹，接着，深吸一口气，和林瞳约定了重逢的时间。

她依旧是老样子，静静地坐着，语气平缓，给我讲着天南海北的故事，却对子沫只字不提，我也配合地听着，听着她的一败涂地。

"你知道我为什么回来吗？"林瞳忽然饶有兴致地看着我问。

"我怎么会知道，还是你说吧。"我笑着，毫不犹豫地投降。

"我做了一个梦……"

林瞳这句话刚说出口，我的眼前就已经展现出浪漫而温馨的画面，不用说，她一定是梦见了子沫。

"我梦见了子沫。"林瞳的声音再次干涩起来,我相信,这五年来,她一定从未提过他的名字。

我了然地点头,一边看着她,一边思索该如何宽慰她,但她的讲述还在继续。

"我和他一起走在一个陌生的地方,我们遇见一个很老很老的人,他坐在一台有镜子的机器旁,我们走过去,站在镜子前,接着,我看到自己的脸在一点点变老。"

林瞳的故事超出了我的想象,我一时无言以对,只能机械地点着头,等待她的下文。

"镜子里的我老了,可站在我身边的子沫却没有变。"林瞳说着,叹了口气,"当我转过头,子沫已经不见了。"

这是一个充满哲理的梦境,浅显易懂得让我没有半点插话的余地,我只能静静地看着林瞳,不知道她还打算说些什么。

事实上,在她和子沫的感情中,我永远都是那个看客,我看着他们相识相知,看着他们相守幸福,看着他们天人分离,无论林瞳多伤多痛,我都没有评价的权利,更没有劝说的能力。

林瞳从化妆包里抽出了一张照片,边缘已经有些破损,她让照片轻轻地飘落到桌上,犹如她渺远的梦境。

"我知道,他早已不在了,他永远只有二十七岁,这个世界上,只有我会变老,而他不会,等到我老到满头白发,他依旧是二十七岁,就像这张照片里一样,年轻帅气……"

她的眼泪落进微凉的咖啡里,溅起一朵小小的水花,又转眼消散在微弱的涟漪里,就像掠过眼前的时光。

当时间老去,她一袭红装,游荡在岁月的拐角,不知何时青丝将成雪,只道是无声的苍凉里,有人在想你。

所谓旅行,就是从一个城市向另一个城市逃离

彼岸花主

有人说,要么读书,要么旅行,身体和灵魂至少要有一个在路上。事实上,你是真的喜欢旅行,想借此来升华灵魂,还是承受不住来自各方面的压力,而选择的逃离?

认识宁珂是在洱海之畔。

因为有共同的话题我们也算是相聊甚欢,她喜欢旅行和文学,我喜欢文学,偶尔会旅行,聊天的内容围绕着文学展开,顺带的也聊了各自去过的地方,有过的见闻。

夜晚,她邀请我去一间静吧喝酒,我不太喜欢和不熟悉的人坐在一起,可她忽然拉住我的胳膊,故作撒娇的样子,我却有些不好意思地拒绝了。

音乐很舒缓,人坐在这里,精神很放松。她让调酒师调了几杯鸡尾酒,我要了果酒,静静坐着,有点尴尬。

"你怎么也一个人出来玩?"宁珂喝完一杯酒,静静看着我。

没有什么事情是非要两个人或多个人一起做的,你学会了忍受孤单就能承受很多别人承受不了的东西。况且,我并不孤

单,只是刚好没有人陪。

"我一直想进行一场一个人的旅行,恰好这次也没有人陪。"

宁珂讲了她去过的地方,从青海湖到趵突泉、从哈尔滨到西双版纳、从策马扬鞭的大草原到崎岖不平的青藏高原;她还去过瑞士、泰国、韩国等国家。她讲这些经历的时候,我多少有些惊讶,她和我差不多大的年纪,竟然去过这么多地方,而我大学毕业之后就感觉时间似乎不够用,只寥寥进行过几次旅行。

"我在一个地方待不久的。"宁珂继续喝酒,"同一个地方我能待上几个月就会觉得腻烦,就会想着离开。我的好朋友都说我是一个不安稳的人,可是我有什么办法,只要这个城市让我有任何的不习惯,我马上就会离开。"

"所以,你所谓的旅行,其实并不是旅行,而是逃离?"

她没有否认。

"旅行之后呢?"我很好奇,她是怎么来支持自己旅行的,或者说她是怎么养活自己的。

"我每到一个城市,会先看一下这个城市各处的风景,然后找一份工作,开心的话就多做些时间,不开心就会立刻离开。"

她果然是一个不安稳的人,也是一个薄情的人。

我有一个朋友 Z,也总是在幻想远方,而且付诸行动,时常看到她在空间、朋友圈晒出来旅行的照片,不知惹来了多少人的羡慕。

工作有压力，她会选择让自己出去散散心，说是减压。她离开后，本该由她来完成的工作就会被分到别的同事身上，旅行回来之后就会听到同事的抱怨，争吵过后同事关系冷僵，过不了多久她觉得压抑就会再次出去走走。

　　她工作换得也比较频繁，可就是管不住自己。

　　"只要我感觉有压力或者身边的人让我觉得不爽了，我就走，我管你工作是否能做好！"

　　和男朋友吵架之后，她来找我哭诉，哭诉完买车票走人，男朋友疯了一样地找她，找到最后才知道人家已经不在这座城市了。

　　因为一点小事就跑到这个城市之外，把工作推给同事，让男朋友心急如焚，这样的做法我并不赞同。

　　逃离只是懦弱者的表现，并不能解决问题，反而让问题更糟糕。

　　很多人都羡慕在旅行中的人，倘若真的是去散散心，或增加见识和阅历，这当然再好不过。可有多少人的旅行，是因为不堪生活、工作的压力，是因为遇到了棘手的事情解决不了，是因为理想和现实的差距……

　　我在大学时期，像很多喜欢文字的人一样，常常幻想诗和远方。去见更多的人，看更多的风景，了解各地的风俗民情，山川草木，这样会有更多的素材写作。那时的我，甚至把旅行当作一种自由，我想去哪里就去哪里的自由。

为此我假期和别人出去做兼职，我背起背包就往火车站走，那个时候稿费还不足支撑我的生活，每次旅行都住最便宜的青旅，吃最便宜的饭菜，甚至每个地方的小吃都没能品尝一下，几天之后拖着疲惫的身体回到学校，竟渐渐开始迷茫。

我去看了一眼那里的风景，并没有接触很多当地的人，也没有了解当地的文化，甚至连当地有名的小吃也没吃到，这简直就是穷游中的穷游啊！

其实那个时候每次出去旅行，出发之前也是有各种各样的问题存在，当时以为等我回来问题就已经没有了，可是结果不然，逃离并不能解决什么，你走之前什么样子，回来之后依旧是什么样子，除非有人帮你解决，可是一次两次可以，谁会帮你一辈子呢？

就如宁珂，她看心情工作，踏遍千山万水，这是她选择的人生。年轻的时候可以任性一些，年龄稍大一些，终究是要安稳下来的，假如一生漂泊，那这一生或许会过得凄苦。

世上万物，哪有什么是十全十美的，就像每一处风景，肉眼看到的和网上展示的图片并不一样，想象中的一切都是美的，可实际见到也总是有各种各样的瑕疵。

不愿压抑自己去接受不喜欢的东西，这没什么不妥。

从这个城市奔波到下一个城市，之前遇到的问题还会在这个城市遇到，不管你去过多少个城市，这样的问题会始终伴随着你，唯有停下来解决，才不会被这个问题一直缠绕。

我那位朋友Z，工作还在频繁换，到现在也没结婚。我猜想，没有哪一个男人敢跟一个随时可能消失几天的人结婚，两个人在一起难免有争吵与摩擦，毕竟谁也不能让另外一个人完全跟自己的想法、步调一致。

有哭有笑，才是生活。

亲爱的，倘若你还在坚持旅行，还在坚持用旅行来逃离一些事情，那请你先确认旅行的意义，再决定是否去旅行。

如果不逃离，或许你的生活会比现在有意思。

如果你要走,请带上我

希 洛

或许,每个人一生中都想任性一次,来一场说走就走的旅行。

或许,很多人对另外一个生命中重要的人说过:如果你要走,请带上我。

1

看见夏夏的一刹那,我以为自己是在做梦。

她站在西藏山南区贡嘎小学有些破旧的校舍前,左手瓦刀,右手黄泥,头发随意扎在脑后,刘海垂下来,挡住了溅在脸上的几点泥巴。

看到我惊诧的目光,她放下瓦刀,从地下捡起几根柴草,狠劲抹了抹手。转身,对着屋里喊:

"你们先自己把第一课的汉字都抄完,老师一会就来检查。"

坐在她环堵萧然,不蔽风日的宿舍里,我依然没从看到她的震惊中回过神来。

她看着我的样子,自嘲地笑笑:"是不是我变太丑,你认不出来了?"

"哪里是变丑? 分明是比之前漂亮很多……"我看着她脸上一抹淡淡的高原红,口不对心。

可我还是忍不住问了句："夏夏，这就是你对我说的，那场说走就走的旅行？"

她笃定地点点头，站在高原的蓝天白云下，如一株遗世独立的竹。

2

夏夏五年前是我大学校友，X大校花。

那时的X大还不是名校，至少还没成为最美校园。

夏夏从苏州来，典型的江南女子，喜欢穿旗袍。《花样年华》一播出，她穿着旗袍的袅娜身影，在校园里更是分外显眼。

走在校园里的时候，总是会远远近近的有一些追随者，在她的身前，或者身后。那时的大学生还很含蓄，只敢远远看着自己的偶像，不敢轻易上前搭讪。

偶尔有人"不小心"撞翻夏夏手里的书，她也只是淡淡笑着，捡起书继续往图书室走。

系里举办圣诞晚会，班长提议玩真心话大冒险，几个夏夏的暗恋者把目标对准夏夏，想探问一下她的内心："夏夏有没有喜欢的人？在不在现场？"

夏夏的答案一出，浇灭了在场所有男生的幻想："有喜欢的人，不在现场。高中同学。"

夏夏嘴里喜欢的人，只有我一个人见过，在照片里。

他叫孟天，据说考上了Z大。但他连报到手续都没办，直接参军去了。夏夏知道他参军消息的时候,他早已经远在几千里之外。

夏夏哭了一场,想打电话给孟天,问他为什么不告诉自己。可是电话打过去永远是关机,后来才想起来,当军人平时是不让带手机的。

大学开学前,夏夏自己出去旅游了一趟,连爸妈都不知道她去了哪。夏夏说,那张照片,就是那个时候偷拍到的。

再然后,夏夏来到了X大,成为X大校园里那个安静而优雅的旗袍女子。

四年大学生活,夏夏的QQ签名一直是:毕业以后,我一定要来一场说走就走的旅行。

3

大四那年,大家都兵荒马乱的,除了夏夏。

考研的在图书室窝着,昼夜不眠;打算毕业就工作的,四处投放简历;只有夏夏每天抱着她的书,在校园草坪或者秋千上悠然地坐着。

很多人猜测她有背景,所以不用着急,传言到了她耳朵里,她不辩解,只是微微一笑。偶尔,会看到她的小包里多了些药,问她是什么,她淡淡说是调理身体的。我疲于准备面试,便不再追问。

接到夏夏电话,我正埋在毕业设计里,焦头烂额。

匆匆赶到黄色和花生汤店,夏夏一脸的阳光,坐在角落里。

走近了，我才看到她对面的人，我掩口惊呼，她还是安静地笑。

孟天礼貌地跟我打招呼，然后低下头去吃加了蛋的花生汤。夏夏偏着头看他，灯光细细碎碎地打在他俩脸上。

我吃完匆匆逃走，坐在他俩之间的感觉太糟糕了，夏夏一直心不在焉地跟我说话，眼光却一分一秒都没离开过孟天。我感觉自己直接被当空气了。

夏夏是红着眼圈回来的，问她，只是摇头。再问，她干脆抱着我哭得浑身颤抖。

等她哭累了，擦干眼泪告诉我，孟天这次回来是来跟她说分手的。我问她发生什么事，她又恢复了缄口不言的状态。

半夜醒来，我看到夏夏坐在窗前，手里是我在她包里见过的中药。我忽然意识到，那是红景天。

骊歌响起的时候，夏夏依然安静而淡然。她没有再跟我提起孟天，我也没问。

每个人青春年少，都注定会有一场轰轰烈烈但有可能无疾而终的爱情，美丽温婉如夏夏，也逃不过这样的命运。

离别那天，我无意中看到夏夏的QQ签名变成了：给自己的心情放个假，开始我那场说走就走的旅行。

我坐在火车上给她回复：美女，我可以陪着你吗？她秒回：好啊，我带着你，你带着钱。

笑着看她空间一直未变的背景：西藏的蓝天白云，雪峰湖泊,从我认识她的第一天,一直就没改变过。

想起她的红景天,我忽然意识到:也许,她是去西藏圆梦了吧。

4

一年以后,公司招募援藏志愿者,我想起了夏夏,便情不自禁地报了名。

毕业以后,夏夏忽然就消失了。

她的 QQ 签名再也没更新过。没有人知道她去了哪,她的苏州老乡也不知道。一个偶然,我得到了孟天的消息:他在我们毕业的前一年,调任西藏山南军区某边防连连长。

我百度了一下,只看到了这样的资料:那里荒烟蔓草,有一条巡逻道,穿越 10 余条冰河、8 座终年不化的雪山,海拔落差 2500 多米,随处有刀锋山、老虎嘴、毒虫、猛兽出没,泥石流、雪崩频发。曾经有一位司令员殉职在将军崖边。

想起夏夏在我怀里,哭得浑身颤抖;想起孟天穿着便装,满脸的坚定。我忽然觉得,我也许看错了夏夏,看错了她这场说走就走的旅行。

我在西藏各地游走,拉萨、日喀则、纳木错、阿里,每到一个地方,我都试图寻找夏夏曾经的痕迹。但是最终,这样的梦想,像肥皂泡一样,碎裂在蓝天白云的西藏上空。

直到,来到山南军分区。

我们来的时候,贡嘎中学刚刚从一场大火中逃生出来。我就是拎着摄像机,踏进贡嘎中学的那个瞬间,看到夏夏的。

一年的时光,不长,却足够烈。

当年穿着旗袍的江南女子,带着那抹阳光炙烤出的高原红,轻笑地着看我。目光,一如当年的澄澈。她问:"你怎么会来这儿的？"

"是你说的啊,你带着我,我带着钱……我现在带着钱来找你了。又不是只许你有说走就走的旅行,我也可以有。"

她笑出声来:"原来你说的是真的啊,如果我要走,必须带着你？"

我也像她一样笃定:"你能跟着孟天来这里，我当然也能跟着你来。"

其实,我早该料到她会在离山南军区最近的地方。只是没想到,她会把自己放在了一所偏僻的学校。

夏夏拉着我,来到学校后面的一处空地。

那里是一片紫色的薰衣草田，一直铺向远处湛蓝的湖水岸边。我惊异这里居然有薰衣草,夏夏笑着说:"这里是不是很像普罗旺斯？你也被骗到了吧？告诉你啊,这种花叫沙生槐,藏语称为吉瓦。你走近了去摘摘看,这些花是有刺的。孩子们说,我就像吉瓦。他们私底下都喊我吉瓦老师。"

"吉瓦老师？这个名字很好听。是因为你很严厉,有刺,所以这样喊你吗？可是我觉得你不像是很严厉的样子啊。"

"吉瓦可以做药材，而且生命力特别顽强，所以他们才这么喊我的。原本这里没有这么大片的，后来孩子们和家长看我喜欢，便移了种子过来，就变成这么大一片了。我看，我都可以开个旅游景点，跟你们这些游客收门票了。"

"孟天，离这里很远吧？"我忍不住问。

"不远啊，都在山南。你从厦门到这里都没觉得远，我俩都在山南，怎么会远呢？既然他要来这里，自然得让他带着我。他不喜欢我做军嫂，我就做老师好了。在这里，教这些孩子，我觉得心里很安静。孟天的选择是对的。看来，我当年的眼光真的不错呢。"

夏夏对着那片吉瓦，眼里满满的都是阳光。远处，是蓝色的湖泊，和白色的雪峰。

5

或许，每个人一生中都想任性一次，来一场说走就走的旅行。

或许，很多人对另外一个生命中重要的人说过：如果你要走，请带上我。

只是，当真的需要做一次重大的人生抉择时，我们有几个人，能像孟天和夏夏一样，把自己的一生，交给西藏，这个别人只是当作实现梦想走一遭的地方？

你只负责精彩，上天自有安排

章珈琪

红尘滚滚，迷雾重重，浮生若梦，阡陌纵横。

无人知晓，哪条路径通往人生巅峰。

而你，只需风雨兼程。

在愚人节那天，从报纸到网络，那条爆炸性的新闻铺天盖地，某女高管在婚介公司三年相亲 43 次，上缴费用 70 万，结果被骗无果，此女觉得不公，已将婚介公司告上法庭。

很好很好。

楚小涵看到这条新闻便咧开了嘴角，简直就是及时雨啊，多么血淋淋的教训摆在那里，只要把这条新闻甩给老妈，便足以证明相亲是多么不靠谱。

1

文艺青年楚小涵，心理学硕士，某大牌杂志情感专栏作家，是众人仰慕的一颗星，可是只有家人知道，她的情感生活一直是个难题。

屈指一算，两年的时间里，她神通广大的老爸老妈也已经给她安排了十几次相亲活动。相亲有时候甚至盛大而隆重,双方出席人数加起来十几个。可是,即便再隆重,最终也是无果。

她恨极了相亲这种方式,不知道是谁如此"才华横溢",发明了这样一种折磨人的程序。偏偏她老爸老妈还特别上瘾,不辞辛苦地到处呼朋唤友,为了能尽可多地淘到优质资源,她老爸老妈加入的手机微信群比她还多,朋友圈越扩越大,社会活动比她还频繁。

楚小涵根本管不了这对老顽童,只警告一句,不准跟对方说情感专栏作家虞紫兔就是我楚小涵。每次他们都信誓旦旦保证不说,可是每次相亲见面,对方的开场白都是,你就是虞紫兔啊,你太厉害了。

因此每次她都想掉头就走,可是又怕被对方乱传播不好的言论,毕竟自己的另一个身份是公众人物,所以,她总是很无奈地强颜欢笑,善始善终完成任务。

此刻这么大的新闻简直就是炸药包,恰好家里已经又有了预警,她老妈昨天打电话说又给她猎到个很好的资源。有多好呢? 楚小涵没兴趣听,只知道对方姓苏。

楚小涵回到家将手里的杂志报纸抖开,义正词严地说:"不去跟这个姓苏的相亲了。"未料,楚小涵的武器装备轰炸功能再强大,也不及她老爸心脏病的尚方宝剑有杀伤力。她老爸没一会儿就躺卧在沙发上,虚弱地跟她老妈说:"救心丸,快!"楚小涵立刻缴械投降："行了，老爸，我去就是了。"

2

有一种爱情叫青梅竹马，还有一种叫一见钟情。

无论是哪一种，都足够让人觉得幸运和不枉此生。可是这两种爱情楚小涵都不曾与之相逢。楚小涵在过往的人生中情感经历屈指可数，恋爱两次，均惨淡败北。

大学毕业后，楚小涵在一家广告公司做文员，不久和招商部的陈果开始了办公室恋情。

陈果衣着光鲜，出手阔绰，是传说中的富二代，据说家里的豪车就不下五辆。可是大概侯门深似海，所以在相处八个月的时间里，他也没带小涵去过他家里。

办公室恋情是藏不住的，所幸，公司还是很人性化的，并没有因此而责难他们两人。楚小涵一度以为此生等待的人就是陈果，陈果已经跟同事们暗地里表示，很快就会跟小涵求婚。

却未料，在一个深夜，他打来电话说，他最好的哥们出了车祸九死一生，被120送到医院抢救，需要立即办手续交手术费和住院费，可是他银行卡里的钱刚用完，这么晚了不好打扰他爸，问小涵卡上有没有20万元救急，明天他再给小涵转账回来。

性命攸关，小涵立刻上网给陈果转账20万元，可是转完之后陈果便人间蒸发，再也联系不上。小涵无论如何也不能相信，山盟海誓深爱自己的陈果居然是诈骗犯，什么富二代，什么豪车,都是他自己虚构出来的。小涵报了案,在两周之后,陈果和其犯罪同伙被缉拿归案,20万元如数追回。

20万元完璧归赵,小涵的心却碎了。她付出的不仅仅是高额的人民币,还有感情和尊严,那是无价的,无以补偿。

楚小涵已经没有颜面在公司继续工作下去,便辞了职。她妈妈一度害怕她自己赋闲在家会想不开出事,寸步不离地守着她。

小涵开始渴望了解人的内心世界,也想重新认知这神秘的人生,在辗转反侧两个月后她决定考取心理学硕士,经过艰苦卓绝的半年多奋战,她终于如愿。

某一次她在互联网上看到一个帖子,一个女子哭诉自己的悲惨爱情经历,深陷情网无法自拔,下边跟帖的人很多,但都没能说到点子上。

小涵于是写了一个长长的回帖,未料这个帖子真的帮女子解开了长久以来的心结,之后,她终于告别过去,开始了新生活。她连连回复帖子,感激涕零,帖子火了。没几天下边有个人跟帖说,他是某杂志编辑,想邀请小涵来做情感专栏,彼时小涵还不知道,她的人生就此掀开了新篇章。

万物循环,小涵以自己的知识和思想来为他人答疑解惑,每每深入思考,每次心路历程,都让她对这个世界,对人生,对爱情有了更深刻的认识。所以,她更坚定了自己的信念,爱是自然生长,不能拔苗助长。她不急于将自己匆匆嫁出去,一辈子那么漫长，那个人终究会来，多等些时光又何妨。

3

偏偏皇上不急太监急，她最受不了的就是老爸老妈那恨嫁的眼神，让她无处遁形，就如同那孙悟空，即便在外面的世界千般精彩，可在如来佛祖的手心里也折腾不出去，褪去光鲜，她还是那只小猴。

在老爸速效救心丸的威慑下，作家虞紫兔又被打回到了大龄剩女楚小涵，仍然以最烂俗与最不齿的一种方式寻找爱情。

真是添乱。这位海归大周末的不约见，却约在最忙碌的周一中午。楚小涵皱着眉头看腕表，计算着，她至多 20 分钟就必须打发海归走，不然就不能按时到开发区参加下午的重要会议，从这里到开发区，开车需要近一小时，并且每到周一必堵无疑。

楚小涵踩着高跟鞋匆忙奔向约好的酒店，翻出老妈的微信，找到三层最里间雅风阁，快步走进去。

雅风阁是个半敞开的隔断间，每个桌位都被竹林掩映，所以，从竹林的缝隙，楚小涵隐约看到了第 25 桌旁的那个身影。

她不由得站定，深呼吸。她又看了下老妈的微信，没错，是25 桌，苏先生。

她突然间犹豫起来，觉得血向上涌，脸红心跳，久违的眩晕忽然涌来。

真有这么巧吗？

她不知道该怎样跟他打招呼。是说,嗨!苏文,好久不见!还是说,嗨!苏文,我是你的小学妹,可惜你都不认识我……

曾以为今生都不会再见了,却未料在七年之后再遇,居然是以这种方式。难道冥冥中真的有一条隐形的红线,牵着她和他?

一个人所受的最大的伤害莫过于被自己最喜欢的人伤害,她暗恋他多年,他浑然不知,今天她若跨出这一步,便等于踏入炼狱,永世不得解脱。她很惶恐,她清晰地预见他对自己的杀伤力,所以,在历经坎坷之后,怎敢轻易靠近。

楚小涵想悄悄溜走,可刚要转身,手机响了起来,那铃声突兀而响亮,引来众人侧目,苏文望见了她。

是老妈。楚小涵无奈地说:"我到了,到了。"

"那就好,一起去看个电影!"老妈殷勤地说。

看个头啊!楚小涵一边心里吐槽,一边换上微笑硬着头皮向苏文走去。

苏文已经猜到这姑娘就是楚小涵,他站起身微笑颔首,给她拉开座椅,亲切地说:"小涵是吧?我是苏文。"

"你好。"小涵笑笑,坐下来。

"我好像在哪见过你。"苏文一边思忖一边说。

"你当然见过我,只不过,我当时是丑小鸭,请你最好失忆。"小涵在心里祈祷。

"你的专栏我看过,很喜欢。"苏文这样说着,小涵的心却开始不安。"事实上，你专栏第 215 期提问的那个读者就是我，所以我们有过交流的，以杂志为证，瞧，我都带来了。"

苏文从包里拿出一本杂志，打开来，找到小涵的专栏。

"原来 Vincent 就是你！"小涵惊愕之余掩面失笑，"天，好巧！"

"是的，好巧，我刚回国半年多，前几天我表姐神秘地说有个姑娘让我见一见，本来我是没什么兴趣，不过她说是虞紫兔，我便立刻来见你了。原来我们是同一个大学毕业，只不过我大四的时候你才上大二，所以没能有交集，不过，我们似乎很有缘哦。"苏文爽朗地笑起来。

那一刹那，小涵觉得阴雨连绵的五月瞬间就变得晴空万里。

苏文怎么会知道，她此刻心里的澎湃。她在他面前，曾是胆小的，怯懦的，永远藏起来的隐形人，他曾是耀目而璀璨的星，是很多姑娘心中的偶像。所以她只是偷偷地望一望他，如同欣赏风景，然后自惭形秽，远远地走开。

不可思议的是，她居然以自己最不齿的一种方式，邂逅了她的爱情。

所以，爱情与主角的出场方式真的无关。

某一天小涵在杂志的官方微博上提出个问题：假如告诉男朋友，自己曾经暗恋他很多年，他会不会恃宠而骄？

一小时后微博就收到留言，这个女朋友居然隐瞒事实真相，实在应该板子伺候。署名，Vincent。

七月,杂志的专栏停刊了一次,因为虞紫兔去蜜月旅行。

红尘滚滚,迷雾重重,浮生若梦,阡陌纵横。

无人知晓,哪条路径通往人生巅峰。

而你,只需风雨兼程。

慢慢来,才是你人生该走的那条捷径

张　绛

现在夏沫知道了,"千里之行,始于足下",任何一个目标,都没有捷径,都必须在自己的脚踏实地与热情付出中等待,并最终获得。工作如此,爱情也是。

在新书的发布会上,夏沫被一群记者的闪光灯拍得有些头晕目眩,大家争先恐后地向她提问:"夏沫,你年纪轻轻,就取得了如此骄人的成绩,能不能给我们谈一谈,如何才能令更多的年轻人以你为鉴,过上自己想要的生活?"

夏沫想了想,很认真地回答:"以自己喜欢的方式,慢慢来。"

1

生活从来没有捷径,谁的成功是一蹴而就的呢?

夏沫自己也不记得她究竟受到过多少打击了。加起来的话,大概比世界上最优秀的棒球运动员的打击率还高。

夏沫是学金融专业,名牌大学的硕士生,学生会主席,还有一点小文采,在学校的校报上经常发表文章,是学校广播的播音员,长得清秀脱俗,气质怡人。这么个优秀的姑娘,在校友及同学眼里,简直堪称完美。

夏沫大学刚毕业就去了一家闻名全国的互联网企业应聘,她应聘的是人力资源管理职位。不论是管理、策划、文案设计、还是与人沟通交流,或是对市场的敏锐度及个人形象的展示,在熟悉她的人看来,她都可以胜任。她在应聘上,肯定是毫无悬念的。

但是,社会跟校园不同,陌生跟熟悉不同,夏沫虽然顺利通过笔试、面试,但最终她还是失败了。

那次竞聘,用人单位只招收 2 个名额。最后被录取的人,一个是北大的博士生,一个是北京外国语大学的硕士生。这两个人不仅能说一口流利的英语,还能用韩语和日语跟老外侃侃而谈。

夏沫第一次清醒地意识到,世界之大,山外有山,人外有人。这当头一棒打得她有些灰心丧气。

那天从招聘会回来,她一直暗暗爱慕的男孩发短信问她:"结果怎样?"

夏沫心情糟糕了,发过去一个沮丧的笑脸对他说:"心有不甘,又心服口服。"

男孩叫石城,长得像韩剧里的男主角,有一张慈祥而帅气的脸,而且还有一副温和的好脾气。

石城问她:"何解?"

夏沫要强,不愿意把自己的"落后"讲得太清楚,就说竞争太激烈。其实,她心里很清楚,石城是那种万里挑一的优秀男孩,她爱他，她就必须努力追赶上他的步伐。她心里有点自卑，悄悄地隐藏，不敢在他面前暴露出来。

她怕，怕一个不小心，这个优秀的男孩子，就离她而去。

石城好像很理解那种头战失利的心情，安慰了她几句，风轻云淡地对她说："没关系，我知道还有一家公司在招人，周六上午九点，盛佳大厦七楼。你到时去试试吧。"

2

这是一个某国际品牌的知名外资企业。总经理是位中国通，是石城考雅思学习班时认识的人。这个企业是他耗费十五年发展起来的，可以说前途无量。

石城很希望这位可爱的小师妹能够在自己好朋友的单位上班。他记得大四有天晚上各班搞毕业会，她喝得脸色红彤彤地跑过来找他，开口对他说："你毕业后去哪里？"

石城跟她很熟悉，大家都是学生会的干部。但是她甩掉全班同学，单独跑到他班里找他，问他这么一个私人问题，还是让他心里为之一愣，有种无言的东西，他心里越发清晰明了。

记忆中，那晚他背着她回去。她缩在他背上，一路重复着同一句话，她说："石城，我一定要跟你一起工作。我要每天看到你。"

石城把回忆勾回来，对夏沫说："不如我帮你辅导一下吧？"

他没敢告诉她，这家公司的经理是自己的朋友，更没敢告诉她，不久之后，他将会离开中国，去澳大利亚留学深造。

夏沫听了很高兴,她差点蹦起来,却又不得不掩饰起内心的喜悦与兴奋,连忙点头。

他连续辅导了她五天。最后,石城也觉得夏沫这次百分百能够顺利通过,高枕无忧。

但结局是,夏沫依然失败了!

为什么呢?

不是她多差,一路笔试、面试,她几乎所向披靡,但,公司要求最终要招的人才必须是一位男性。

这严苛的要求就好像是《杜拉拉升职记》里的情节"男女在同一间公司决不许谈恋爱"一个道理,有些规矩是没道理可讲的,你必须遵守才行。

石城觉得很抱歉,他事前并没注意到这一条。五天的辛苦,付之东流。

晚上他约她一起吃饭,为了排遣她的失落,他给她讲自己的故事。

他高中时候考大学,第一次没考上,差一分。第二次依旧没考上,也是差一分。第三次考上了,进入学校后,自己在校外办辅导班,抢学校的生意,被老师知道了,给了他一个通报批评,虽然不是很大的处分级别,却让他觉得很受挫折。后来他道了歉,认了错,停了自己的辅导班。从此一门心思决定考研,而且一定要考个好的学校。

其实,他想,他有什么错呢? 他不过就是想创业,去市场摸摸水,试一试他自己到底有多大的潜力。

　　但是有些东西是没道理可讲的,你必须得遵守。

　　夏沫听完他的故事后很受启发,她对他说,她今后一定会更加努力,不会气馁的。

　　昏黄的灯光下,她望着他,眼波里流转的是一种希望他信赖她、支持她的坚定。石城拍拍她的手,鼓励她:"我相信你行的!"

3

　　但是,夏沫依然不行。

　　前后 30 次,她求职失败。她递出去的简历,如同石沉大海,杳无音讯。同时,她参加的各种笔试面试,到了最后,均不知道是因为什么原因,都被公司拒绝了。

　　夏沫痛苦极了。她不知道还该拿出怎样的理由和勇气,去继续奋战,信念忽地像一根断了线的风筝一样,再也无法牢牢地抓住。她怀疑在大学校园里,她从未优秀过。

　　而此时的石城已经做好各种出国的准备。

　　他找到她,两人在一条小河边的长椅上坐下来,他递给她一本日记本,也没说太多话,他就只对她说:"等你回去后再看。"

　　夏沫回去后迫不及待地打开了日记本,一篇篇认真地翻下来,她整个人震惊万分。原来在她心里几乎算得上完美无缺、无所不能的石城,竟然也遭遇过那么多的失败,就像我们每天吃饭喝水一样寻常,这些着实让夏沫感到太不可思议了。

石城会在每次的日记后面备注相同的一句话,以此勉励自己:"兄弟,别急,慢慢来。当你慢起来,你会拥有更多的耐心,你会得到更多的清静,你会发现慢下来,比匆忙的选择和努力更重要。"

夏沫发现,有几篇日记里,他提到了自己。虽然是学生会主持或布置场景之类的平常事件,他娓娓道来,字里行间可以感觉到他对自己那份特殊的"友好""关切",夏沫仔仔细细地看了两遍,并没发现有其他女生的名字出现在这里,夏沫心花怒放,别提多高兴!

石城的日记里没写到出国,他也没主动对她提及过这件事。所以夏沫一直不晓得,那次谈话是他们两个人之间最后一次见面。也不晓得,这本日记本,是一个男生对一个女生最后的礼物。

尽管这礼物对她而言,万分珍重,但是跟人比起来,还是沧海桑田,不及每天相伴在身边。

后来有无数次,夏沫总算想清楚了,她之所以有后来,全部要感谢石城。

他默默无声地告诉她:"慢慢来,人生没有捷径。"

这句话,不仅适合在学习、工作上,其实也包括感情。

4

后来,夏沫不再登高望远,她把姿态和目光都降到最低。然后,她很顺利地进入一家县级资源公司。每月的薪水不高,刚够她衣食住行、吃喝拉撒。但是她坚持了下来。

一干就是五年。

五年间，她从一个普通职员，干到主任助理，再到主任，最后经理助理，最后副总经理。那时候，她才二十六岁。正是许多青年还在怀揣梦想奋斗的年纪。

在别人都在羡慕她升得如此之快时，夜晚她对着石城的日记本，自言自语地说："其实，又有谁知道，我一开始接手的这家公司，就是一个烂摊子。企业连年亏损不说，员工士气低落不说，有时候连工资也要等两三个月才集中发一次。可是，石城，我要慢慢地等，慢慢地……"

夏沫给自己订了阶段目标，具体到每周、每月要达到什么样的成绩和效果。她把每天的一点小进步，都牢牢地记在了心里，总结经验，督促自己。她当了领导之后，就经常开展"每天进步一点点"活动，每月奖励一次进步最大的员工。她舍得犒赏那种稳扎稳打、不断摸索着前进的员工，所以，在她的奖励和督促下，全公司人的积极性几乎都得到了明显的提高，再也没人抱怨工作任务重，每个人都兢兢业业、力争上游。

最后，原本无人问津、几乎快要倒闭的公司，忽地一夜声名大噪、平地崛起。在她的努力下，公司转亏为盈，实现了几级跳。她本人也上演了现实版的"杜拉拉升职记"。公司上上下下都非常佩服她。

于是有人问她一路的心得体会。

夏沫许久未曾拾起的笔端,就在这时,开启了源源不断的泉水叮咚模式。她在博客上写自己的成长记录,谈心得、谈体会、谈人生的至高境界是什么,也谈那曾经还未来得及清楚,就已然错失的爱情。

5

当上总经理那天,夏沫主动辞职了。

那时候,她已经在网上非常有名了。她被一家网站的 CEO 当成难得的人才相中,聘为网站高级人力资源主管,年薪二十五万。

但这不是她辞职的主要原因。那时候,不告而别的石城从澳大利亚回来了。

夏沫一直没有忘掉他。一段很长的时间里,她想忘了那个曾经的不告而别,忘了这个不告而别的人。但是她把所有的相思一诉衷肠全部发在了博客里。

她倾其所有地引来了大批读者,博客点击率达每天几千次。她成了这里的品牌代言人。

后来,便有源源不断的故事从她的笔尖缓缓地倾泻而出。很快,许多其他知名的网站和各大知名报刊开始采访她,请她去做节目,畅谈她的人生体会。

她用泪水与汗水讲述了一个年轻人追逐梦想和爱情的故事,她感动了成千上万人。她的作品也先后在几家不同的出版社顺利出版，并很快销售一空。她成了很有名气的美女作家。

这里面其中之一的读者和听众，就是石城。

他很高兴，原本的小姑娘，如今已成为活脱脱的女强人。

有个读者在现场会问夏沫："听说你现在还是单身状态？请问这么多年，就没遇到过令自己怦然心动的男孩吗？"

夏沫静了一下，大学时光里，曾有个爱穿白衬衫的男生常常跟她一起，为了学校的各项事宜，一起加班到深夜。他们分别在日记本里记下的曾经的对方，他们肩并肩一起去吃重庆面的笑脸，还有，他们分别时，坐在一张椅子上，对面阳光照射下，闪闪发光的小河流……

一幕幕画面如同泡影，又如影随形。每天一瞬间，消失了，又来了。

夏沫浅浅一笑，淡淡回答："其实我一直都在恋爱中啊。我找到了自己的兴趣点，做着适合自己的工作，怀念着曾经温馨无比的时光，我一直在跟自己的所爱，谈一场又一场精彩而不疲乏的恋爱啊。"

6

记者招待会散场后，人群中有个高大的身影伫立在那里，穿白色的衬衫，手里拿着浅黄色的牛皮日记本，样子高大而帅气，俊逸又儒雅。他朝这里远远地微笑着望过来。

夏沫没料到，如同过去她没料到他不告而别一样。

她冲出人群走过去，奔到他面前。五年多了，他没变。还是那么帅。

"你结婚没？"她开口便问。

对方摇摇头。一脸坚毅地看着她。

"那你有女朋友没？"她继续问。

对方依旧摇摇头。一脸坚毅地看着她。

"这本日记本给我的吧？"不待他回答，夏沫一把抢过来，立即翻开了看。没有别的内容，满满的都是他们曾经在一起的各种照片，一起吃饭的，一起散步的，一起学习的，一起主持晚会的，一起坐在校园的香樟树下看书的，应有尽有。

夏沫一直没发现，他送给她的那本日记本上，在最后一页的一个小小角落里，用隐藏了颜色的白色原子笔写了一句话：我还未弄懂我对她的爱，决定暂时先离开。慢慢来，爱情难免要分开一段时间，经历岁月的考验。

现在夏沫知道了，"千里之行，始于足下"，任何一个目标，都没有捷径，都必须在自己的脚踏实地与热情付出中等待，并最终获得。工作如此，爱情也是。